中级财务会计模拟实验教程

ZHONGJI CAIWU KUAIJI MONI SHIYAN JIAOCHENG

黄爱玲 主编

张福康 姚瑞马 副主编

江苏大学出版社
JIANGSU UNIVERSITY PRESS
镇 江

图书在版编目(CIP)数据

中级财务会计模拟实验教程 / 黄爱玲主编. —镇江：江苏大学出版社，2011.10(2015.7 重印)
ISBN 978-7-81130-271-4

Ⅰ.①中… Ⅱ.①黄… Ⅲ.①财务会计－高等学校－教材 Ⅳ.①F234.4

中国版本图书馆 CIP 数据核字(2011)第 196150 号

中级财务会计模拟实验教程

主　　编/黄爱玲
副 主 编/张福康　姚瑞马
责任编辑/王亚丽
出版发行/江苏大学出版社
地　　址/江苏省镇江市梦溪园巷 30 号(邮编：212003)
电　　话/0511-84443089
传　　真/0511-84446464
排　　版/镇江文苑制版印刷有限责任公司
印　　刷/扬中市印刷有限公司
经　　销/江苏省新华书店
开　　本/787 mm×1 092 mm　1/16
印　　张/14
字　　数/344 千字
版　　次/2011 年 10 月第 1 版　2015 年 7 月第 3 次印刷
书　　号/ISBN 978-7-81130-271-4
定　　价/30.00 元

如有印装质量问题请与本社发行部联系(电话:0511-84440882)

前　言

中级财务会计是一门实务操作性非常强的课程。通过对中级财务会计的课程学习，学生可以获得会计理论知识，但仍然缺少必要的实际工作技能训练，这与会计工作实际操作要求还存在很大差距。为提高学生实际操作能力，使其理论学习与实际应用密切结合，毕业后能够尽快适应工作需要，同时培养学生分析问题、解决问题的能力，提高综合业务素质，我们特地编写了这本《中级财务会计模拟实验教程》。

本书主要特点：以财政部最新颁布的一系列会计准则，以及2009年新实施的《中华人民共和国增值税暂行条例》等最新的会计、税收法规制度为编写依据；以完全逼真的凭证资料为基础，结合中级财务会计课程的教学进程，循序渐进，使学生在尽可能短的时间内，全面了解会计业务，掌握会计方法和进行账务处理，熟练地编制会计报表。

本书共分3个部分：第一部分为模拟实验介绍，可以使学生对模拟实验教程大纲、模拟实验基本程序以及所模拟的企业有一个全面了解；第二部分为模拟实验资料，采用完全仿真的发票、单据及各种费用分配汇总表等，为学生模拟实验提供原始材料；第三部分为参考答案，为学生模拟实验要求完成的具体任务进行解答和核对。本书力求业务的全面性，同时为加强学生对实际会计业务中有关原始单据的理解，特增加了对原始资料的简要说明，以便于相互对照，顺利完成模拟实验。

本书理论与实践密切结合，有突出的实用性，不仅可以作为会计、财务管理、审计等专业的学生在中级财务会计课程学习后的模拟实验教材，还可以作为会计工作从业人员的岗前模拟实习教材以及在岗会计人员的岗位培训教材。

本书由黄爱玲、张福康和姚瑞马编写，由黄爱玲负责全书大纲的拟定和最后的统稿工作。具体分工如下：第一部分和第二部分的实验4～8及其答案由黄爱玲编写；第二部分的实验1～3及其答案由张福康编写；第二部分的实验9～12及其答案由姚瑞马编写。

本教材得到扬州大学出版基金资助，在编写过程中得到了扬州大学商学院、会计专业领导及同仁的支持，在此表示衷心的感谢。

由于编者水平有限，书中不足和疏漏之处在所难免，敬请广大读者批评指正。

编　者

2011 年 8 月

目录 Contents

第一部分 模拟实验介绍

一、中级财务会计模拟实验教程大纲 …… 1

二、中级财务会计模拟实验基本程序 …… 2

三、模拟实验企业概况 …… 2

第二部分 模拟实验及实验资料

实验 1 货币资金核算实验 …… 4

实验 2 金融资产核算实验 …… 19

实验 3 存货核算实验 …… 33

实验 4 固定资产核算实验 …… 71

实验 5 无形资产核算实验 …… 93

实验 6 流动负债核算实验 …… 103

实验 7 长期负债核算实验 …… 113

实验 8 所有者权益核算实验 …… 123

实验 9 收入核算实验 …… 131

实验 10 费用核算实验 …… 153

实验 11 利润核算实验 …… 181

实验 12 财务报告核算实验 …… 195

第三部分 参考答案

附件 空白凭证及账页格式

第一部分

模拟实验介绍

一、中级财务会计模拟实验教程大纲

（一）实验课程性质与适用范围

中级财务会计模拟实验是专业课程“中级财务会计”的课程内实验。通过对本实验课程的学习，可促进学生巩固中级财务会计的基本理论和掌握相关会计实务的基本技能。本教程适用于会计专业、财务管理专业、审计专业及其他相关财经类专业的实践教学环节。

（二）实验教学目的

通过本实验课程的学习操作，学生能够系统、全面地掌握企业会计核算的基本程序和具体方法，加深对会计基本理论的理解，加强对会计基本方法和会计基本技能的掌握，使会计专业知识与会计实务有机地结合在一起。同时本实验课程的学习也为学生学习其他专业知识打下了坚实的基础。

（三）实验总计划

实验总学时数：16 学时，均为必做实验。

实验项目及教学安排如下。

序号	实验项目名称	学时分配	每组人数	实验要求	实验类型
1	货币资金核算实验	1	1	必做	综合性
2	金融资产核算实验	2	1	必做	综合性
3	存货核算实验	2	1	必做	综合性
4	固定资产核算实验	2	1	必做	综合性
5	无形资产核算实验	1	1	必做	综合性
6	流动负债核算实验	1	1	必做	综合性
7	长期负债核算实验	1	1	必做	综合性
8	所有者权益核算实验	1	1	必做	综合性
9	收入核算实验	1	1	必做	综合性
10	费用核算实验	1	1	必做	综合性
11	利润核算实验	1	1	必做	综合性
12	财务报告核算实验	2	1	必做	综合性
	合计	16			

（四）实验设备资料

需要一套至少可供一个自然班级使用的会计手工实验设备和相应的实验资料，包括桌椅、相关文具、回形针、铁夹、凭证装订设备以及凭证、账页、报表等账册资料。

本实验教程需要的空白凭证资料如下：

（1）原始模拟资料（见各模拟实验的实验资料）；

（2）空白记账凭证300张；

（3）科目汇总表15张；

（4）三栏式账页50张；

（5）数量金额式账页4张；

（6）资产负债表1张；

（7）利润表1张；

（8）库存现金日记账账页2张；

（9）银行存款日记账账页2张；

（10）记账凭证封面、封底及包角等装订凭证用材料。

上述空白凭证见本书的附件，读者进行模拟实验时，可根据需要复印指定份数的空白凭证表格完成实验，也可登录江苏大学出版社网站 http://press. ujs. edu. cn 下载打印。

二、中级财务会计模拟实验基本程序

（1）根据所给的模拟资料进行原始凭证的审核、分析。

（2）根据原始凭证或原始凭证汇总表编制记账凭证。

（3）根据记账凭证（或收款凭证、付款凭证）及所附原始凭证逐笔登记现金日记账、银行存款日记账。

（4）根据记账凭证和原始凭证及所附原始凭证汇总表逐笔登记明细分类账。

（5）根据记账凭证定期编制科目汇总表。

（6）根据科目汇总表定期登记总分类账。

（7）月终现金日记账、银行存款日记账余额和各种明细分类账的余额合计数分别与相应的总分类账户余额核对相符。

（8）月末，根据总分类账户和各明细分类账户的有关资料编制会计报表。

（9）对会计凭证、会计账簿定期进行分类整理、装订。

（10）填写实验报告。

三、模拟实验企业概况

（一）企业名称

润扬机械股份有限公司是一家股份制企业，主要生产 A，B 两种产品，并兼营运输等业务。

开户银行：中国工商银行扬州市支行城东分理处

账号：110802020900765432l

税号:321812132062219

地址:扬州市江州路 101 号

电话:0514－87991530

（二）内部会计制度规定

1. 流动资产核算

（1）计提坏账准备采用“应收账款余额百分比法”,计提比率为 5%。

（2）材料核算采用计划成本和实际成本两种方法,其中甲、乙两种主要材料采用计划成本核算;周转材料采用实际成本法,其发出材料计价采用月末一次加权平均法,摊销方法采用一次摊销法。

2. 固定资产核算

固定资产折旧采用年限平均法,其原值、净残值率参考实验资料。

3. 费用及产成品核算

由于学生尚未学习成本会计,故本教程对成本计算仅做了简单处理,月终结转完工产品成本,其数额作为已知条件给出。

4. 税金核算

（1）本企业为增值税一般纳税人,税率 17%。

（2）营业税税率 5%,城市维护建设税税率 7%,教育费附加征收率 3%。

（3）企业所得税税率 25%。

（三）会计机构人员设置

单位法定代表人:王美林。

财务负责人:骆辉。

主办会计:张康。

材料、成本会计:姚远。

固定资产、往来账会计:罗静。

出纳会计:黄敏。

稽核:吴洁。

第二部分

模拟实验及实验资料

实验1 货币资金核算实验

一、实验目的

通过实验使学生了解货币资金核算程序，熟悉货币资金核算方法，重点掌握库存现金、银行存款总分类核算及日记账的登记方法。

二、实验程序和要求

1. 根据实验资料开设“库存现金”、“银行存款”日记账，并登记期初余额。
2. 根据原始凭证编制记账凭证。
3. 根据记账凭证及所附原始凭证逐笔登记“库存现金”、“银行存款”日记账。
4. 根据记账凭证编制科目汇总表。
5. 根据科目汇总表定期登记总分类账。
6. 撰写实验报告。

三、实验资料

润扬机械股份有限公司2011年1月1日总账科目月初余额资料见表1-1。

表1-1　总账科目月初余额资料

总账科目	借方余额	贷方余额
库存现金	6 000.00	
银行存款	200 000.00	
其他货币资金	10 000.00	
应收账款	20 000.00	
其他应收账款	5 000.00	
短期借款		50 000.00
应付账款		30 000.00
应交税费		10 000.00
实收资本		151 000.00

润扬机械股份有限公司2011年1月发生以下经济业务：

1. 1月1日，从银行提取现金5 000元备用，见表1-2。

表1-2 现金支票存根

中国工商银行（苏）

现金支票存根

NO01640501

科　　目 ________

对方科目 ________

出票日期 2011.01.01

收款人：	黄敏
金　额：	¥5000.00
用　途：	备用

单位主管 张康　会计 黄敏

2. 1月5日，接受江苏金陵有限责任公司投入资本2 000 000元，存入银行，见表1-3、表1-4。

表1-3 出资证明

出资证明

润扬机械股份有限公司因经营需要追加资本200万元，扬州市工商局已于2011年1月1日核准（工商管字第100号）。

根据汇诚会计师事务所方明2011年1月3日签署的（汇会所）字第16号验资报告，江苏金陵有限公司应依照合同一次缴付增加的注册资本人民币贰佰万元整（¥2 000 000.00），截至2011年1月4日已全部缴足，出资方式为货币资金。

特此证明。

此致

2011年1月4日

投资方（盖章）　　受资方（盖章）

（印章：江苏金陵有限公司；润扬机械股份有限公司）

表 1-4　进账单(收账通知)

中国工商银行江苏分行**进账单**(收账通知)　3

2011 年 01 月 05 日　　　　　　　　第　　号

付款人	全　称	江苏金陵有限责任公司	收款人	全　称	润扬机械股份有限公司
	账　号	00381208010019		账　号	1108020209007654321
	开户银行	中国工商银行扬州市支行高桥分理处		开户银行	中国工商银行扬州市支行城东分理处

人民币(大写)	贰佰万元整	千	百	十	万	千	百	十	元	角	分
		¥	2	0	0	0	0	0	0	0	0

票据种类	转账支票
票据张数	1

单位主管　会计　复核 黄敏　记账

中国工商银行扬州市支行
城东分理处
20110105
转讫
(2)

收款人开户银行盖章

此联是收款人开户银行交给收款人的收款通知

3．1 月 6 日，以现金支票 420 元购入办公用品，投入使用，见表 1-5、表 1-6。

表 1-5　现金支票存根

中国工商银行　(苏)

现金支票存根

NO01640506

科　　目 ________

对方科目 ________

出票日期 2011. 01.06

收款人：黄敏
金　额：¥ 420.00
用　途：支付办公费

单位主管 张康　会计 黄敏

表 1-6 江苏省统一发票

江苏省统一发票

发票联

发票代码:1234567890
发票号码:0012345012

客户名称：润扬机械股份有限公司　　2011 年 01 月 06 日

经营项目	计量单位	数量	单价	金额								
				百	十	万	千	百	十	元	角	分
账页、手册等								4	2	0	0	0
合计人民币（大写）肆佰贰拾元整							¥	4	2	0	0	0

第二联 发票联（报销凭证）

开票单位:（未盖章无效）　　开票人：刘 瑾　　收款人：郝 帅

4. 1 月 8 日，从银行借入 6 个月短期借款 800 000 元，年利率 6%，存入银行，见表 1-7。

表 1-7 借款凭证（入账通知）

中国工商银行借款凭证（入账通知）

2011 年 01 月 08 日　　凭证号码：2234156

<table>
<tr><td>借款人</td><td>润扬机械股份有限公司</td><td>贷款账号</td><td colspan="4">34659878456754321</td><td colspan="2">存款账号</td><td colspan="6">1108020209007654321</td></tr>
<tr><td rowspan="2">借款金额</td><td rowspan="2">人民币（大写）</td><td rowspan="2" colspan="3">捌拾万元整</td><td>千</td><td>百</td><td>十</td><td>万</td><td>千</td><td>百</td><td>十</td><td>元</td><td>角</td><td>分</td></tr>
<tr><td></td><td>¥</td><td>8</td><td>0</td><td>0</td><td>0</td><td>0</td><td>0</td><td>0</td><td>0</td></tr>
<tr><td rowspan="2">原因及用途</td><td rowspan="2">流动资金借款</td><td>期限</td><td colspan="3">约定还款日期</td><td colspan="9">2011 年 7 月 8 日</td></tr>
<tr><td>6 个月</td><td colspan="2">贷款利率</td><td colspan="3">6%（年）</td><td colspan="3">合同号码</td><td colspan="4"></td></tr>
<tr><td colspan="15">上列贷款已转入借款人指定账户。
复核：周 超　　记账：陆 蓉</td></tr>
</table>

5. 1 月 10 日，收到宏扬公司购货款 600 000 元存入银行，见表 1-8。

表 1-8　进账单(收账通知)

中国工商银行江苏分行**进账单**(收账通知)　3

2011 年 01 月 10 日　　　　　　第　　号

付款人	全　称	宏扬公司	收款人	全　称	润扬机械股份有限公司
	账　号	00541208010038		账　号	1108020209007654321
	开户银行	中国工商银行扬州市支行新城分理处		开户银行	中国工商银行扬州市支行城东分理处

人民币(大写)	千	百	十	万	千	百	十	元	角	分
陆拾万元整		¥	6	0	0	0	0	0	0	0

票据种类	转账支票	中国工商银行扬州市支行城东分理处 20110110 转讫 (2) 收款人开户银行盖章
票据张数	1	
单位主管　会计　复核　记账 黄敏		

此联是收款人开户银行交给收款人的收款通知

6. 1 月 15 日,以银行存款偿还江阳公司货款 400 000 元,见表 1-9。

表 1-9　转账支票存根

中国工商银行

转账支票存根(苏)

支票号码:**00153653**

附加信息

出票日期 2011.01.15

收款人:	江阳公司
金额:	¥400 000.00
用途:	货款
备注:	

单位主管 张康　　会计 姚远

复核 吴洁　　记账 黄敏

7. 1 月 18 日,以银行存款偿还短期借款 200 000 元,见表 1-10。

表 1-10　特种转账借方凭证

中国工商银行特种转账借方凭证

2011 年 01 月 18 日

付款人	全　称	润扬机械股份有限公司	收款人	全　称	中国工商银行扬州市支行城东分理处
	账号或地址	1108020209007654321		账号或地址	1108020209008382051
	开户银行	中国工商银行扬州市支行城东分理处		开户银行	本行

金额	亿	千	百	十	万	千	百	十	元	角	分
人民币(大写)贰拾万元整			¥	2	0	0	0	0	0	0	0

原凭证金额		赔偿金		科　目(贷)＿＿＿＿
原凭证名称		号码		对方科目(借)＿＿＿＿
				事后监督
转账原因	偿还借款 期限 9 个月,利率 6%			复核　　记账 王平

中国工商银行扬州市支行城东分理处 20110118 转讫 (2)

8. 1 月 22 日,黄平出差预借差旅费 3 000 元,以现金支付,见表 1-11。

表 1-11　借款凭证

润扬机械股份有限公司　借款凭证

2011 年 01 月 22 日　　　　No:056981

借款部门	办公室	借款人	黄平
事　由	出差北京开会		
借款金额	人民币(大写):叁仟元整　　¥ 3 000.00		
领导审批	同意借款 刘华 2011.1.22	现金付讫	

9. 1 月 26 日,开出银行汇票申请书,申请银行汇票 1 000 000 元向上海光大公司购买甲材料,见表 1-12。

表 1-12　汇票申请书存根(存根)

中国工商银行　汇票申请书(存根)

申请日期 2011 年 01 月 26 日　　　　　　第 0359 号

收款人	上海光大公司			汇款人	润扬机械股份有限公司
账号或地址	0009050590804563217			账号或地址	1108020209007654321
兑付地点	上海市	兑付行	上海市工行虹口支行	汇款用途	购货

金额		亿	千	百	十	万	千	百	十	元	角	分
	人民币(大写)壹佰万元整		¥	1	0	0	0	0	0	0	0	0

备注	
20110126 受理	科　目(贷)________________ 对方科目(借)________________ 财务主管　　复核　　经办:黄　敏

10. 1 月 30 日,向扬靖公司销售 A 产品 60 件,单价 100 元,计 6 000 元,增值税 1 020 元,货款存入银行,见表 1-13、表 1-14。

表 1-13　江苏增值税专用发票

江苏增值税专用发票

记　账　联

3200963256　　　　开票日期:2011 年 01 月 30 日　　　　№ 07446123

购货单位	名　　称:扬靖公司 纳税人识别号:320054640801357 地 址 、电 话:扬州市开发路 361 号 开户行及账号:市工行新城办 1108020209007456231				密码区		
货物或应税劳务名称	规格型号	单位	数量	单价	金额	税率	税额
A 产品		件	60	100.00	6 000.00	17%	1 020.00
合　计					¥6 000.00		¥1 020.00
价税合计(大写)柒仟零贰拾元整				(小写) ¥7 020.00			
销货单位	名　　称:润扬机械股份有限公司 纳税人识别号:321812132062219 地 址 、电 话:扬州市江州路 101 号 开户行及账号:市工行城东办 1108020209007654321				备注		

销售单位(章)　　收款人:黄　敏　　复核:吴　洁　　开票人:罗　静

第三联　记账联　销货方记账凭证

表 1-14　进账单(收账通知)

中国工商银行江苏分行**进账单**(收账通知)　3

2011年01月30日　　　　第3号

<table>
<tr><td rowspan="3">付款人</td><td>全　称</td><td>扬靖公司</td><td rowspan="3">收款人</td><td>全　称</td><td colspan="10">润扬机械股份有限公司</td></tr>
<tr><td>账　号</td><td>1108020209007456231</td><td>账　号</td><td colspan="10">1108020209007654321</td></tr>
<tr><td>开户银行</td><td>中国工商银行扬州市支行新城分理处</td><td>开户银行</td><td colspan="10">中国工商银行扬州市支行城东分理处</td></tr>
<tr><td colspan="2" rowspan="2">人民币
(大写)</td><td colspan="3" rowspan="2">柒仟零贰拾元整</td><td>千</td><td>百</td><td>十</td><td>万</td><td>千</td><td>百</td><td>十</td><td>元</td><td>角</td><td>分</td></tr>
<tr><td></td><td></td><td></td><td>￥</td><td>7</td><td>0</td><td>2</td><td>0</td><td>0</td><td>0</td></tr>
<tr><td colspan="2">票据种类</td><td>转账支票</td><td colspan="12" rowspan="3">中国工商银行扬州市支行
城东分理处
20110130
转讫
(2)
收款人开户银行盖章</td></tr>
<tr><td colspan="2">票据张数</td><td>1</td></tr>
<tr><td colspan="3">单位主管　会计　复核　黄敏　记账</td></tr>
</table>

此联是收款人开户银行交给收款人的收款通知

11．将损益类账户金额结转到本年利润账户。

实验2　金融资产核算实验

一、实验目的

通过实验使学生了解金融资产核算程序，熟悉金融资产核算方法，重点掌握交易性金融资产、持有至到期投资的总分类核算方法。

二、实验程序和要求

1. 根据实验资料开设“应收票据”等明细账，并登记期初余额。
2. 根据原始凭证编制记账凭证。
3. 根据记账凭证及所附原始凭证逐笔登记“应收票据”等明细账。
4. 根据记账凭证编制科目汇总表。
5. 根据科目汇总表定期登记总分类账。
6. 撰写实验报告。

三、实验资料

润扬机械股份有限公司2011年2月1日科目月初余额资料见表2-1。

表2-1　科目月初余额资料

科目名称	借方余额	贷方余额
库存现金	6 000.00	
银行存款	2 000 000.00	
其他货币资金	200 000.00	
应收票据——江宁公司	386 100.00	
交易性金融资产	100 000.00	
持有至到期投资	300 000.00	

润扬机械股份有限公司2011年2月发生以下经济业务：

1. 2月1日，销售A商品给扬州汽车修理厂1 100件，每件100元，计110 000元，增值税18 700元，收到一张5个月到期的商业承兑汇票，见表2-2、表2-3。

表 2-2 江苏增值税专用发票

江苏增值税专用发票

记账联

3200963256　　开票日期：2011 年 02 月 01 日　　№ 07446154

购货单位	名　　称：扬州市汽车修理厂 纳税人识别号：320054640802657 地 址 、电 话：扬州市黄山路 81 号 开户行及账号：市工行黄山办 1108020209007635241					密码区		
货物或应税劳务名称	规格型号	单位	数量	单价	金额	税率	税额	
A 产品		件	1 100	100.00	110 000.00	17%	18 700.00	
合　计					¥110 000.00		¥18 700.00	
价税合计（大写）壹拾贰万捌仟柒佰元整					（小写）¥128 700.00			
销货单位	名　　称：润扬机械股份有限公司 纳税人识别号：321812132062219 地 址 、电 话：扬州市江州路 101 号 开户行及账号：市工行城东办 1108020209007654321					备注		

销售单位（章）　　收款人：黄 敏　　复核：吴 洁　　开票人：罗 静

第三联 记账联 销货方记账凭证

表 2-3 商业承兑汇票

商业承兑汇票　2

出票日期 贰零壹壹年零贰月零壹日　　第 89 号

付款人	全　称	扬州市汽车修理厂	收款人	全　称	润扬机械股份有限公司
	账　号	1108020209007635241		账　号	1108020209007654321
	开户银行	市工行黄山办		开户银行	中国工商银行扬州市支行城东分理处
汇票金融	人民币（大写）壹拾贰万捌仟柒佰元整			千 百 十 万 千 百 十 元 角 分	¥ 1 2 8 7 0 0 0 0
汇票到期日	贰零壹壹年零柒月零壹日		付款人开户行	行号	3681
交易合同号码	28960			地址	扬州市黄山路 81 号
本汇票已经承兑，到期日无条件支付票款。			此致 本汇票请予以承兑，于到期日支付票款。		出票人签章

此联是持票人开户银行寄付款人开户银行作借款凭证附件

2. 2 月 4 日,签发转账支票存出投资款 100 000 元,见表 2-4、表 2-5。

表 2-4 转账支票存根

中国工商银行

转账支票存根(苏)

支票号码:**00153655**

附加信息

出票日期 2011.02.4

收款人:海通证券公司汶河营业部	
金额:¥100 000.00	
用途:买股票	
备注:	

单位主管 张康　会计 姚远

复核 吴洁　记账 黄敏

表 2-5 客户存款凭条

海通证券公司

汶河营业部客户存款凭条 【存款】

流水号:359　　2011 年 02 月 04 日

户　名:润扬机械股份有限公司	资金账号:32165987	委托人签名
存入金额:¥100 000.00	余　额:¥100 000.00	吴　明
上海账号:A600556567	深圳账号:	

操作号:731　　复核员:丁　原

3. 2月5日，一张银行承兑汇票到期，委托银行收回款项，见表2-6～表2-8。

表2-6　委托银行收款(回单)

委托银行收款(回单)　1

签发日期　2011年02月05日　　　　第90号

付款人	全　称	江宁公司			收款人	全　称	润扬机械股份有限公司
	账　号	1108020209007362514				账　号	1108020209007654321
	开户银行	工行扬州市支行	行号	7536		开户银行	中国工商银行扬州市支行城东分理处

委收金额	人民币(大写) 叁拾捌万陆仟壹佰元整	千	百	十	万	千	百	十	元	角	分
			¥	3	8	6	1	0	0	0	0

款项内容	货款	委托收款凭据名称	银行承兑汇票	附寄单证张数	1
备注：		款项收妥日期 2011年02月05日		中国工商银行扬州市支行城东分理处 20110205 受理 (2) 收款人开户银行盖章 2011年02月05日	

单位主管：　　会计：黄　敏　　复核：吴　洁　　记账：姚　远

表2-7　委托银行收款(收款通知)

委托银行收款(收款通知)　3

签发日期　2011年02月05日　　　　第90号

付款人	全　称	江宁公司			付款人	全　称	润扬机械股份有限公司
	账　号	1108020209007362514				账　号	1108020209007654321
	开户银行	工行扬州市支行	行号	7536		开户银行	中国工商银行扬州市支行城东分理处

委收金额	人民币(大写) 叁拾捌万陆仟壹佰元整	千	百	十	万	千	百	十	元	角	分
			¥	3	8	6	1	0	0	0	0

款项内容	货款	委托收款凭据名称	银行承兑汇票	附寄单证张数	1
备注：		款项收妥日期 2011年02月05日		中国工商银行扬州市支行城东分理处 20110205 转讫 (2) 收款人开户银行盖章 2011年02月05日	

单位主管：　　会计：黄　敏　　复核：吴　洁　　记账：姚　远

表 2-8　银行承兑汇票

银行承兑汇票　2

出票日期　贰零壹零年零捌月零伍日　　　　　　　　第 76 号

付款人	全　　称	江宁公司	收款人	全　　称	润扬机械股份有限公司
	账　　号	1108020209007362514		账　　号	1108020209007654321
	开户银行	工行扬州市支行		开户银行	中国工商银行扬州市支行城东分理处

汇票金额	人民币（大写）叁拾捌万陆仟壹佰元整	千	百	十	万	千	百	十	元	角	分
			¥	3	8	6	1	0	0	0	0

汇票到期日	贰零壹壹年零贰月零伍日	付款人开户行	行号	7536
承兑协议编号	00157		地址	扬州市黄山路 562 号

本汇票请你承兑，到期无条件支付票款。 江宁公司 2 业务专用章 出票人签章	本汇票已经承兑，到期日由本行支付票款。 中国工商银行扬州支行 业务专用章 承兑银行盖章 承兑日期 2011 年 2 月 5 日 备注：	复核：　　记账：

此联是收款人开户银行寄付款人开户银行作借款凭证附件

4．2 月 6 日，购买股票 90 000 元，同时发生交易费用 366 元，企业作为交易性金融资产，见表 2-9。

表 2-9　成交过户交割凭单（买）

成交过户交割凭单

成交日期：2011 年 02 月 06 日　　　　　　　　买

股东编号：	A116529386	成交证券：	东风股份
电脑编号：	4477	成交数量：	30 000
公司代号：	059	成交价格：	3.00
申请编号：	789	成交金额：	90 000.00
申报时间：	10:10:19	标准佣金：	90.00
成交时间：	10:30:40	过户费用：	1.00
上次余额：	0（股）	印花税：	270.00
本次成交：	30 000（股）	应付金额：	90 366.00
本次余额：	30 000（股）	最终余额：	9 634.00
附加费用：	5.00	实付金额：	90 366.00

客户联

经办单位：海通证券汶河营业部　　　　　　　　客户签章：润扬机械股份有限公司

5. 2月18日，签发转账支票存出投资款1 500 000元，见表2-10、表2-11。

表2-10　转账支票存根

中国工商银行

转账支票存根（苏）

支票号码：**00153658**

附加信息

出票日期 2011.02.18

收款人：海通证券公司文昌营业部	
金额：¥1 500 000.00	
用途：投资款	
备注：	

单位主管 张康　　会计 姚遥

复核 吴洁　　记账 黄敏

表2-11　客户存款凭条

海通证券公司
文昌营业部客户存款凭条　　【存款】

流水号：581　　2011年02月18日

户　　名：润扬机械股份有限公司	资金账号：32165987	委托人签名
存入金额：¥1 500 000.00	余　　额：¥1 500 000.00	吴　明
上海账号：A600776567	深圳账号：	

操作号：805　　复核员：方　宇

6. 2 月 20 日,购买南方债券,作为持有至到期投资,每份面值 100 元,见表 2-12。

表 2-12 成交过户交割凭单(买)

成交过户交割凭单

成交日期:2011 年 02 月 20 日　　买

股东编号:	A436912(存)	成交证券:	南方债券
电脑编号:	8565	成交数量:	4 000(份)
公司代号:	098	成交价格:	102.00
申请编号:	679	成交金额:	408 000.00
申报时间:	11:18:34	标准佣金:	1 000.00
成交时间:	11:36:20	过户费用:	0.00
上次余额:	0	印花税:	1 000.00
本次成交:	4 000(份)	应付金额:	410 000.00
本次余额:	4 000(份)	最终余额:	1 090 000.00
附加费用:	0.00	实付金额:	410 000.00

客户联

经办单位:海通证券文昌营业部　　客户签章:润扬机械股份有限公司

7. 2 月 28 日,出售股票,其成本为 60 000 元,见表 2-13。

表 2-13 成交过户交割凭单(卖)

成交过户交割凭单

成交日期:2011 年 02 月 28 日　　卖

股东编号:	A116283968(取)	成交证券:	东风股份
电脑编号:	6699	成交数量:	20 000(股)
公司代号:	098	成交价格:	5.8
申请编号:	968	成交金额:	116 000.00
申报时间:	09:35:48	标准佣金:	116.00
成交时间:	10:46:58	过户费用:	1.00
上次余额:	30 000(股)	印花税:	348.00
本次成交:	20 000(股)	应收金额:	115 530.00
本次余额:	10 000(股)	最终余额:	125 164.00
附加费用:	5.00	实收金额:	115 530.00

客户联

经办单位:海通证券汶河营业部　　客户签章:润扬机械股份有限公司

实验3　存货核算实验

一、实验目的

通过实验使学生了解存货核算程序，熟悉存货核算方法，掌握原材料收入、发出、结存的计价方法和核算方法，重点掌握原材料按计划成本计价的核算方法。

二、实验程序和要求

1. 根据实验资料开设原材料“甲材料”、“乙材料”等明细账，并登记期初余额。
2. 根据原始凭证编制记账凭证。
3. 根据记账凭证及所附原始凭证逐笔登记原材料“甲材料”、“乙材料”等明细账。
4. 根据记账凭证编制科目汇总表。
5. 根据科目汇总表定期登记总分类账。
6. 撰写实验报告。

三、实验资料

润扬机械股份有限公司2011年3月1日银行存款月初余额2 000 000.00元，其他有关科目月初余额资料见表3-1。

表3-1　有关科目月初余额资料

科目名称	摘　要	借方余额	贷方余额
材料采购——甲材料			
原材料——甲材料	1 000千克，每千克计划单价20元	20 000.00	
——乙材料	2 000千克，每千克计划单价30元	60 000.00	
材料成本差异			3 489.04

润扬机械股份有限公司2011年3月发生以下经济业务：

1. 3月2日，从南京华夏公司购入甲材料，货款及运费均支付，3月3日，见表3-2～表3-4。

表 3-2　江苏增值税专用发票

江苏增值税专用发票

发　票　联

3200963259　　　　开票日期：2011 年 03 月 02 日　　　　№ 07446259

购货单位	名　　　称：润扬机械股份有限公司 纳税人识别号：321812132062219 地 址 、电 话：扬州市江州路 101 号 开户行及账号：市工行城东办 110802020900765432l					密码区		
货物或应税劳务名称	规格型号	单位	数量	单价	金额	税率	税额	
甲材料		kg	12 850	20.00	257 000.00	17%	43 690.00	
合　计					¥257 000.00		¥43 690.00	
价税合计（大写）叁拾万零陆佰玖拾元整					（小写）¥300 690.00			
销货单位	名　　　称：华夏公司 纳税人识别号：320600003142638 地 址 、电 话：南京市青年路 118 号 51429038 开户行及账号：市工行青年路支行 3608004298					备注		

销售单位(章)　　　收款人：张玉英　　　复核：　　　开票人：杜　煦

第二联　发票联　购货方记账凭证

表 3-3　电汇凭证（回单）

中国工商银行电汇凭证（回单）

2011 年 03 月 02 日

付款人	全　　称	润扬机械股份有限公司		收款人	全　　称	华夏公司		
	账号或地址	110802020900765432l			账号或地址	3608004298		
	汇出地点	扬州市	汇出行名称：市工行城东分理处		汇入地点	南京市	汇入行名称：市工行青年路支行	
金额	人民币（大写）叁拾万零壹仟贰佰壹拾元整							

千	百	十	万	千	百	十	元	角	分
	¥	3	0	1	2	1	0	0	0

汇款用途　购材料	汇出行签章 2011 年 03 月 02 日

中国工商银行扬州市支行 城东分理处 20110302 转讫 (2)

单位主管：张　康　　　会计：姚　远　　　复核：吴　洁　　　记账：黄　敏

表 3-4 铁路局运费杂费收据

铁路局运费杂费收据

付款单位或姓名:华夏公司　　2011 年 03 月 02 日　　№:063578

原运输票据	年　月　日　第　号		办理种别	
发　站	南京		到　站	扬州
车种车号			标　重	
货物名称	件　数	包　装	重　量	计费重量
甲材料			12 850 公斤	
类　别	费　率	数　量	金　额	附记
运　费			390.00	
装卸费			130.00	
合计金额(大写)伍佰贰拾元整　(小写)¥520.00				
收款单位:南京铁路局　经办人:王　宁				

2. 3 月 3 日,甲材料验收入库,见表 3-5。

表 3-5 收料单

润扬机械股份有限公司

收料单

2011 年 03 月 03 日　　收　字　第 001 号

供应者华夏公司		发票号 07446259				2011 年 03 月 03 日收到			
编号	材料名称	规格	应收数量	实收数量	单位	实际成本			
						单价	总价	运杂费	合计
	甲材料		12 850	12 850	kg	20	257 000.00	492.70	257 492.70
备注		验收人盖章 王　平				合计 ¥257 492.70			

第三联 送会计部门

供销主管　　采购　　制单 王　平

3. 3 月 4 日,从上海新光材料有限公司购入乙材料,货款及运费均支付,见表 3-6 ~表 3-8。

表 3-6　上海市增值税专用发票

上海市增值税专用发票

发　票　联

开票日期：2011 年 03 月 04 日　　　　№ 00987426

购货单位	名　　称：润扬机械股份有限公司 纳税人识别号：321812132062219 地 址 、电 话：扬州市江州路 101 号 开户行及账号：扬州市工行城东分理处 110802020900765432 1	密码区

货物或应税劳务名称	规格型号	单位	数量	单价	金额	税率	税额
乙材料		kg	3 500	28.00	98 000.00	17%	16 660.00
合　计					¥98 000.00		¥16 660.00
价税合计(大写)壹拾壹万肆仟陆佰陆拾元整					(小写) ¥114 660.00		

销货单位	名　　称：上海新光材料有限公司 纳税人识别号：310567200087667 地 址 、电 话：上海市南环路 350 号 96603028 开户行及账号：上海市建行城南分理处 45684321271	备注

销售单位(章)　　收款人：刘 琴　　复核：　　开票人：李 明

第二联　发票联　购货方记账凭证

表 3-7　上海市公路运输货票

上海市公路运输货票

托运单位：上海新光材料有限公司　　车属单位：上海市鸿运运输公司　　牌照号：沪A00269

装货地点	上海	发货单位	上海新光材料有限公司	地址	上海市南环路350号	电话	94404024
卸货地点	扬州	收货单位	润扬机械股份有限公司	地址	扬州市江州路101号	电话	87991530

货物名称	包装	件数	运输量 实际重量	运输量 吨	运输量 吨公里	吨公里运输 货物等级	吨公里运输 运价率	运费	其他收费 项目	其他收费 金额	运杂费小计
材料			3 500	kg	1 000		1.50	1 500.00		500.00	2 000.00

运杂费合计金额(大写)：贰仟元整		¥ 2 000.00		备注
税款	代征　税(元)	代征　税(元)	合计(元)	

开票单位(盖章)：　　开票人：　　2011 年 03 月 04 日

第二联　发票　交购货方付款

表 3-8　托收承付结算凭证(付款通知)

委邮

托收承付结算凭证（付款通知）　5

委托日期 2011 年 03 月 04 日　　　委托单号 9861

付款期限 2011 年 03 月 07 日

收款人	全　称	上海新光材料有限公司	付款人	全　称	润扬机械股份有限公司
	账　号	4367423172		账　号	1108020209007654321
	开户银行	上海市建行城南分理处		开户银行	扬州市工行城东分理处
委托金额	⊗壹拾壹万陆仟陆佰陆拾元整				¥116 660.00
款项内容	价税款及运费	委托收款凭证名称	发货单 运单	附寄单据张数	3
备注：2011 年 1 月 26 日签订合同，合同号为 0025，材料已发出。	付款单位注意 1. 上列委托收款,如付款期限内未拒付时,此联代付款通知。 2. 如需提前付款或多付时,应另写书面通知送银行办理。 3. 如系全部或部分拒付,应在付款期限内另填拒绝付款理由书送银行办理。 扬州市工行城东分理处 20110304 业务专用章				

此联是付款人开户行给付款人按期付款的通知

单位主管：　　会计：　　复核：　　记账：　　付款人开户行盖章

4. 3 月 5 日,乙材料验收入库,见表 3-9。

表 3-9　材料入库单

润扬机械股份有限公司
材料入库单

2011 年 03 月 05 日　　　收　字　第 001 号

供应者上海新光材料有限公司　发票号 00987426						2011 年 03 月 05 日收到			
编号	材料名称	规格	应收数量	实收数量	单位	实际成本			
						单价	总价	运杂费	合计
	乙材料		3 500	3 500	kg	28	98 000.00	1 895.00	99 895.00
备注		验收人盖章 王平				合计 ¥99 895.00			

第三联　送会计部门

供销主管　　采购　　制单 王平

5. 3月7日,一车间领用甲材料生产A产品,见表3-10。

表3-10　原材料出库单

润扬机械股份有限公司

部门:一车间
用途:生产A产品

原材料出库单

2011年03月07日　　　　付　字　第001号

编号	材料名称	规格	单位	请领数量	实发数量	单价	金额	备注
	甲材料		kg	10 000	10 000	20.00	200 000.00	
	合计		kg	10 000	10 000	20.00	200 000.00	

记账　　发料 林　芳　　领料单位负责人 于　平　　领料 王　芳

6. 3月10日,从江西省南昌市星光公司购入甲、乙材料,货款及运费均支付(运费按材料重量比例分配),见表3-11～表3-13。

表3-11　江西增值税专用发票

江西增值税专用发票

发　票　联

开票日期:2011年03月10日　　　　№ 00235689

购货单位	名称:润扬机械股份有限公司 纳税人识别号:321812132062219 地址、电话:扬州市江州路101号 开户行及账号:扬州市工行城东办1108020209007654321				密码区		
货物或应税劳务名称	规格型号	单位	数量	单价	金额	税率	税额
甲材料		kg	13 500	22.00	297 000.00	17%	50 490.00
乙材料		kg	3 500	28.00	98 000.00	17%	16 660.00
合　计					¥395 000.00		¥67 150.00
价税合计(大写)肆拾陆万贰仟壹佰伍拾元整					(小写) ¥462 150.00		
销货单位	名称:南昌市星光公司 纳税人识别号:360001200900753 地址、电话:南昌市开发路98号23510854 开户行及账号:南昌市工行开发区分理处321654987258369147O				备注		

销售单位(章)　　收款人:赵　红　　复核:　　开票人:黄　明

第二联　发票联　购货方记账凭证

表 3-12　南昌市公路运输货票

南昌市公路运输货票

托运单位：南昌市星光公司　　车属单位：南昌市中发运输公司　　牌照号：赣 B02465

装货地点	南昌	发货单位	南昌市星光公司				地址	南昌市开发区 65 号		电话	23510236
卸货地点	扬州	收货单位	润扬机械股份有限公司				地址	扬州市江州路 101 号		电话	87991530
货物名称	包装	件　数	实际重量	运输量		吨公里运输		运费	其他收费		运杂费小计
				吨	吨公里	货物等级	运价率		项目	金额	
材料		20			2 020		1.90	3 838.00		1 162.00	5 000.00
运杂费合计金额（大写）：伍仟元整　　¥ 5 000.00									备注		
税款	代征　税（元）		代征　税（元）			合计（元）					

开票单位（盖章）：　　开票人：　　2011 年 03 月 10 日

第二联　发票　交购货方付款

表 3-13　托收承付结算凭证（付款通知）

委邮

托收承付结算凭证（付款通知）　5

委托日期 2011 年 03 月 10 日

委托单号 4872

付款期限 2011 年 03 月 16 日

收款人	全　　称	南昌市星光公司	付款人	全　　称	润扬机械股份有限公司
	账　　号	7742317223		账　　号	1108020209007654321
	开户银行	南昌市工行开发区分理处		开户银行	扬州市工行城东分理处
委托金额	⊗肆拾陆万柒仟壹佰伍拾元整　　¥ 467 150.00				
款项内容	价税款及运费	委托收款凭证名称	发货单 运单	附寄单据张数	3
备注：2011 年 2 月 8 日签订合同，合同号为 0046，材料已发出。	付款单位注意 1. 上列委托收款，如付款期限内未拒付时，此联代付款通知。 2. 如需提前付款或多付时，应另写书面通知送银行办理。 3. 如系全部或部分拒付，应在付款期限内另填拒绝付款理由书送银行办理。 （扬州市工行城东分理处 20110310 业务专用章）				

单位主管：　　会计：　　复核：　　记账：　　付款人开户行盖章

此联是付款人开户行给付款人按期付款的通知

7. 3 月 12 日，甲、乙材料验收入库，见表 3-14。

表 3-14 材料入库单

润扬机械股份有限公司

材料入库单

2011 年 03 月 12 日　　　　收 字 第 005 号

供应者南昌市星光公司			发票号 00235689			2011 年 03 月 12 日收到			
编号	材料名称	规格	应收数量	实收数量	单位	实际成本			
						单价	总价	运杂费	合计
	甲材料		13 500	13 500	kg	22	297 000.00	3 753.00	300 753.00
	乙材料		3 500	3 500	kg	28	98 000.00	978.34	98 978.34
	合计						395 000.00	4 731.34	399 731.34
备注			验收人盖章 王平			合计 ¥399 731.34			

第三联 送会计部门

供销主管　　　　采购　　　　制单 王平

8. 3 月 15 日，二车间领用乙材料生产 B 产品，见表 3-15。

表 3-15 原材料出库单

润扬机械股份有限公司

部门：二车间
用途：生产 B 产品

原材料出库单

2011 年 03 月 15 日　　　　付 字 第 2 号

编号	材料名称	规格	单位	请领数量	实发数量	单价	金额	备注
	乙材料		kg	5 000	5 000	30.00	150 000.00	
	合计			5 000	5 000		150 000.00	

记账　　　　发料 林芳　　　　领料单位负责人 姜伟　　　　领料 田园

9. 3月17日，从本市开元公司购入乙材料，款项以银行存款支付，见表3-16、表3-17。

表3-16　转账支票存根

中国工商银行

转账支票存根（苏）

支票号码：**00153671**

附加信息

出票日期 2011.03.17

收款人：扬州市开元公司	
金额：¥135 720.00	
用途：买乙材料	
备注：	

单位主管 张康　　会计 姚远

复核 吴洁　　记账 黄敏

表3-17　江苏增值税专用发票

江苏增值税专用发票

开票日期：**2011**年**03**月**17**日　　　　№ **00289879**

购货单位	名　　称：润扬机械股份有限公司 纳税人识别号：321812132062219 地 址 、电 话：扬州市江州路101号 开户行及账号：市工行城东办1108020209007654321				密码区		
货物或应税劳务名称	规格型号	单位	数量	单价	金额	税率	税额
乙材料		kg	4 000	29.00	116 000.00	17%	19 720.00
合　计					¥116 000.00		¥19 720.00
价税合计（大写）壹拾叁万伍仟柒佰贰拾元整					（小写）¥135 720.00		
销货单位	名　　称：扬州开元公司 纳税人识别号：322000120090157 地 址 、电 话：扬州市开发路110号 87124567 开户行及账号：市工行开发区分理处3216549872583695821				备注		

第二联　发票联　购货方记账凭证

扬州市开元公司 565498105 发票专用章

销售单位（章）　　收款人：赵敏　　复核：　　开票人：张璐

10. 3 月 17 日,从开元公司购入的乙材料已验收入库,见表 3-18。

表 3-18　材料入库单

润扬机械股份有限公司

材料入库单

2011 年 03 月 17 日　　　　收　字　第 005 号

供应者开元公司		发票号 00289879				2011 年 03 月 17 日收到			
编号	材料名称	规格	应收数量	实收数量	单位	实际成本			
						单价	总价	运杂费	合计
	乙材料		4 000	4 000	kg	29	116 000.00		116 000.00
	合计						116 000.00		116 000.00
备注		验收人盖章 王 平				合计 ¥116 000.00			

第三联　送会计部门

供销主管　　　　采购　　　　制单 王 平

11. 3 月 18 日,一车间领用乙材料,见表 3-19。

表 3-19　原材料出库单

润扬机械股份有限公司

部门:一车间
用途:生产 A 产品

原材料出库单

2011 年 03 月 18 日　　　　付　字　第 3 号

编号	材料名称	规格	单位	请领数量	实发数量	单价	金额	备注
	乙材料		kg	3 000	3 000	30.00	90 000.00	
	合计			3 000	3 000		90 000.00	

记账　　发料 林 芳　　领料单位负责人 于 平　　领料 王 明

12. 3 月 20 日，二车间领用甲材料，见表 3-20。

表 3-20 原材料出库单

润扬机械股份有限公司

部门：二车间
用途：生产 B 产品

原材料出库单

2011 年 03 月 20 日　　　　付 字 第 4 号

编号	材料名称	规格	单位	请领数量	实发数量	单价	金额	备注
	甲材料		kg	5 000	5 000	20.00	100 000.00	
	合计			5 000	5 000		100 000.00	

记账　　发料 林 芳　　领料单位负责人 姜 伟　　领料 田 园

13. 3 月 22 日，从本市中大公司购入甲材料，款项以银行存款支付，见表 3-21、表 3-22。

表 3-21 转账支票存根

中国工商银行

转账支票存根（苏）

支票号码：**00153675**

附加信息

出票日期 2011.03.22

收款人：	扬州市中大公司
金额：	￥105 300.00
用途：	买甲材料
备注：	

单位主管 张康　　会计 姚远

复核 吴洁　　记账 黄敏

表 3-22 江苏增值税专用发票

江苏增值税专用发票

发 票 联

开票日期：2011 年 03 月 22 日　　　　№ 00289874

购货单位	名称：润扬机械股份有限公司 纳税人识别号：321812132062219 地址、电话：扬州市江州路 101 号 开户行及账号：市工行城东办 1108020209007654321				密码区		
货物或应税劳务名称	规格型号	单位	数量	单价	金额	税率	税额
甲材料		kg	5 000	18.00	90 000.00	17%	15 300.00
合　计					¥90 000.00		¥15 300.00
价税合计(大写)壹拾万零伍仟叁佰元整					(小写) ¥105 300.00		
销货单位	名称：扬州中大公司 纳税人识别号：322000120090369 地址、电话：扬州市解放路 89 号 87653214 开户行及账号：市建行城北分理处 3216549872583696032				备注		

销售单位(章)　　收款人：赵　敏　　复核：　　开票人：张　璐

第二联 发票联 购货方记账凭证

14. 3 月 22 日，从中大公司购入的甲材料验收入库，见表 3-23。

表 3-23 材料入库单

润扬机械股份有限公司

材料入库单

2011 年 03 月 22 日　　　　收 字 第 006 号

供应者 中大公司 发票号 00289874						2011 年 03 月 22 日收到			
编号	材料名称	规格	应收数量	实收数量	单位	实际成本			
						单价	总价	运杂费	合计
	甲材料		5 000	5 000	kg	18	90 000.00		90 000.00
	合计						90 000.00		90 000.00
备注			验收人盖章 王　平			合计 ¥90 000.00			

供销主管　　　　采购　　　　制单 王　平

第三联 送会计部门

15. 3 月 23 日，管理部门领用甲、乙材料，见表 3-24。

表 3-24 管理部门原材料出库单

润扬机械股份有限公司

部门：管理部门
用途：一般耗用

原材料出库单

2011 年 03 月 23 日　　付 字 第 5 号

编号	材料名称	规格	单位	请领数量	实发数量	单价	金额	备注
	甲材料		kg	3 000	3 000	20.00	60 000.00	
	乙材料		kg	1 000	1 000	30.00	30 000.00	
	合计			5 000	5 000		90 000.00	

记账　　发料 林 芳　　领料单位负责人 丁 玲　　领料 李 月

16. 3 月 24 日，从本市向阳公司购入乙材料，款项以银行存款支付，见表 3-25、表 3-26。

表 3-25 江苏增值税专用发票

江苏增值税专用发票

发 票 联

开票日期：2011 年 03 月 24 日　　№ 00289882

购货单位	名　　称：润扬机械股份有限公司 纳税人识别号：321812132062219 地 址 、电 话：扬州市江州路 101 号 开户行及账号：市工行城东办 1108020209007654321				密码区		
货物或应税劳务名称	规格型号	单位	数量	单价	金额	税率	税额
乙材料		kg	6 000	28.50	171 000.00	17%	29 070.00
合　计					¥171 000.00		¥29 070.00
价税合计（大写）贰拾万零柒拾元整					（小写）¥200 070.00		
销货单位	名　　称：扬州向阳公司 纳税人识别号：322000120095462 地 址、电 话：扬州市江都路 39 号 87741230 开户行及账号：市工行大桥分理处 1108020209004152639				备注		

销售单位（章）　　收款人：张 云　　复核：　　开票人：李 民

第二联 发票联 购货方记账凭证

表 3-26　转账支票存根

中国工商银行
转账支票存根（苏）
支票号码：**00153679**

附加信息

出票日期 2011.03.24

收款人：扬州市向阳公司	
金额：¥200 070.00	
用途：买乙材料	
备注：	

单位主管 张康　会计 姚远
复核 吴洁　记账 黄敏

17．3 月 24 日，从向阳公司购入的乙材料验收入库，见表 3-27。

表 3-27　材料入库单

润扬机械股份有限公司
材料入库单

2011 年 03 月 24 日　收　字　第 006 号

供应者 向阳公司		发票号 00289882				2011 年 03 月 24 日收到			
编号	材料名称	规格	应收数量	实收数量	单位	实际成本			
						单价	总价	运杂费	合计
	乙材料		6 000	6 000	kg	28.5	171 000.00		171 000.00
	合计						171 000.00		171 000.00
备注		验收人盖章 王平				合计 ¥171 000.00			

第三联　送会计部门

供销主管　采购　制单 王平

18. 3 月 25 日，管理部门领用甲材料，见表 3-28。

表 3-28　管理部门原材料出库单

润扬机械股份有限公司

部门：管理部门
用途：一般耗用

原材料出库单

2011 年 03 月 25 日　　　　付 字 第 6 号

编号	材料名称	规格	单位	请领数量	实发数量	单价	金额	备注
	甲材料		kg	500	500	20.00	10 000.00	
	合计						¥10 000.00	

记账　　发料 林 芳　　领料单位负责人 丁 玲　　领料 李 月

19. 3 月 26 日，从本市先锋材料公司购入甲、乙材料，款项以银行存款支付，见表 3-29、表 3-30。

表 3-29　江苏增值税专用发票

江苏增值税专用发票

发票联

开票日期：2011 年 03 月 26 日　　　　№ 00289885

购货单位	名　　　称：润扬机械股份有限公司 纳税人识别号：321812132062219 地 址 、电 话：扬州市江州路 101 号 开户行及账号：市工行城东办 1108020209007654321	密码区	

货物或应税劳务名称	规格型号	单位	数量	单价	金额	税率	税额
甲材料		kg	3 000	19.00	57 000.00	17%	9 600.00
乙材料		kg	2 000	28.00	56 000.00	17%	9 520.00
合　计					¥113 000.00		¥19 210.00

价税合计（大写）壹拾叁万贰仟贰佰壹拾元整　　　　（小写）¥132 210.00

销货单位	名　　　称：扬州先锋材料公司 纳税人识别号：322000120032154 地 址 、电 话：扬州市运河路 98 号 87303624 开户行及账号：市工行城南分理处 1108020209009876541	备注	

销售单位（章）　　收款人：张 云　　复核：　　开票人：李 民

第二联 发票联 购方记账凭证

表 3-30　转账支票存根

中国工商银行
转账支票存根（苏）
支票号码：**00153681**
附加信息

出票日期 2011.03.26

收款人：扬州市先锋材料公司	
金额：￥132 210.00	
用途：买甲、乙材料	
备注：	

单位主管 张康　　会计 姚遥
复核 吴洁　　记账 黄敏

20．3 月 26 日，从先锋材料公司购入的甲、乙材料验收入库，见表 3-31。

表 3-31　材料入库单

润扬机械股份有限公司
材料入库单

2011 年 03 月 26 日　　　　收　字　第 007 号

供应者 先锋材料公司			发票号 00289885			2011 年 03 月 26 日收到			
编号	材料名称	规格	应收数量	实收数量	单位	实际成本			
						单价	总价	运杂费	合计
	甲材料		3 000	3 000	kg	19.0	57 000.00		57 000.00
	乙材料		2 000	2 000	kg	28.0	56 000.00		56 000.00
	合计						113 000.00		113 000.00
备注			验收人盖章 王平			合计 ￥113 000.00			

第三联　送会计部门

供销主管　　　　采购　　　　制单 王平

21. 3 月 28 日，从浙江购入甲材料，款项以银行存款支付，材料尚未到达，见表 3-32 ~ 表 3-35。

表 3-32　浙江增值税专用发票

浙江增值税专用发票

发　票　联

开票日期：**2011** 年 **03** 月 **28** 日　　　　　№ **00289887**

购货单位	名　　称：润扬机械股份有限公司 纳税人识别号：321812132062219 地 址 、电 话：扬州市江州路 101 号 开户行及账号：扬州市工行城东办 1108020209007654321				密码区		
货物或应税劳务名称	规格型号	单位	数量	单价	金额	税率	税额
甲材料		kg	8 000	20.00	160 000.00	17%	27 200.00
合　计					¥160 000.00		¥27 200.00
价税合计（大写）壹拾捌万柒仟贰佰元整					（小写）¥187 200.00		
销货单位	名　　称：浙江台州冶炼厂 纳税人识别号：270104010213518 地 址 、电 话：台州市新建路 37 号 56312897 开户行及账号：台州市工行火车站分理处 2820345678914562581				备注		

销售单位（章）　　　收款人：唐　亮　　　复核：　　　开票人：刘　英

第二联　发票联　购方记账凭证

表 3-33 托收承付结算凭证

邮

中国工商银行托收承付结算凭证（承付/支款 通知）5

第 0015268 号

委收号码：

委托日期 2011 年 03 月 28 日

承付期限
到期 2011 年 04 月 02 日

收款单位	全称	台州冶炼厂		收款单位	全称	润扬机械股份有限公司
	账号或地址	2820345672			账号或地址	1108020209007654321
	开户银行	台州市工行火车站分理处	行号 2023		开户银行	扬州市工行城东分理处

托收金额	人民币（大写）壹拾捌万捌仟贰佰柒拾贰元整	千	百	十	万	千	百	十	元	角	分
			¥	1	8	8	2	7	2	0	0

附件		商品发运情况	合同名称号码
附寄单证张数或册数	4	铁路	

备注：

付款单位注意：

1. 根据结算方式规定，上列托收款项，如承付期限内未拒付，即视同全部承付。如系全额支付即以此联代支款通知；如遇延付或部分支付，再由银行另送延付或部分支付的支款通知。
2. 如需提前承付或多承付的，应另写书面通知送银行办理。
3. 如系全部或部分拒付，应在承付期限内另填拒绝承付理由书送银行办理。

扬州市工行城东分理处 20110328 业务专用章

单位主管：　　会计：　　复核：　　记账：　　付款单位开户行盖章：03 月 28 日

此联是付款单位开户银行通知付款单位按期承付货款的承付（支款）通知

表 3-34 浙江铁路局货票

浙江铁路局

货　票

货物运到期限　　日　　　　2011 年 03 月 28 日　　　　№ 003752

发站	台州	到站	扬州站	车种车号		货车标重	铁路/发货人装车
发货人 名称	台州冶炼厂			施封号码			铁路/发货人施封
发货人 住址	台州	电话	56312897	铁路货车篷布号码			
收货人 名称	润扬机械公司			集装箱号码			
收货人 住址	扬州	电话	87991530	经由		运价里程	

货物名称	件数	包装	货物重量(吨)		计费重量(kg)	类	项	运价号	运价率	现付	
			发货人确定	铁路确定						费别	金额(元)
甲材料					8 000			11		运费	820.00
合计					8 000						
记事										合计	¥820.00

发站承运日期　　　　　　　　　　经办人签章 朱玲

表 3-35 国内水路、铁路货物运输保险凭证

中国财产保险公司台州分公司

国内水路、铁路货物运输保险凭证(甲)

№ 5815231

本公司依照国内水路、铁路货物运输保险条款及凭证所注明的其他条件，对下列货物承保运输险：

被保险人：润扬机械股份有限公司　　投保人：台州冶炼厂

货物运单号码	货物名称	件数数量	中转地	目的地	运输工具起运日期	保险金额(元)	保险费(%)		保险费(元)
							综合险	基本险	
003752	甲材料			扬州站	火车 3 月 28 日	187 200	√		252.00

复核：　　　　　　　　签章：　　　　　　　　代理处：

注意事项：

1. 综合险包括基本险。
2. 凡在保险费率综合险或基本险栏内填明费率的即按该险别责任。
3. 如遇出险请凭本凭证第四联正本连同有关原件单证报出险当地保险公司处理。
4. 每笔最低保费人民币壹元。

2011 年 03 月 28 日

22. 3 月 31 日，计算材料成本差异率，将发出材料计划成本调整为实际成本。

实验4　固定资产核算实验

一、实验目的

通过实验,使学生了解固定资产增加的来源和减少的原因,熟悉折旧的计算方法,掌握固定资产总分类核算的会计处理方法。

二、实验程序和要求

1. 根据原始凭证编制记账凭证。
2. 编制固定资产折旧计算表及未确认融资费用摊销表。
3. 根据2011年4月份记账凭证编制科目汇总表。
4. 根据2011年4月份科目汇总表定期登记总分类账。
5. 撰写实验报告。

三、实验资料

润扬机械股份有限公司2011年4月1日总账科目月初余额资料见表4-1。

表4-1　总账科目月初余额资料

总账科目	借方余额	贷方余额
库存现金	5 000.00	
银行存款	800 000.00	
固定资产	1500 000.00	
生产成本	3 000.00	
累计折旧		300 000.00
应交税费		25 000.00
长期应付款		20 000.00

润扬机械股份有限公司2011年4月主要业务资料如下:

1. 4月10日,润扬机械股份有限公司购置不需要安装的设备一台,并交付使用,见表4-2、表4-3。

表 4-2　江苏增值税专用发票

江苏增值税专用发票

发　票　联

3200967878　　　开票日期：2011 年 04 月 10 日　　　№ 07448451

购货单位	
名　　称	润扬机械股份有限公司
纳税人识别号	321812132062219
地 址 、电 话	扬州市江州路 101 号
开户行及账号	市工行城东办 1108020209007654321
密码区	

货物或应税劳务名称	规格型号	单位	数量	单价	金额	税率	税额
电控箱		台	1	3 000.00	3 000.00	17%	510.00
合　计					¥3 000.00		¥510.00
价税合计（大写）叁仟伍佰壹拾元整					（小写）¥3 510.00		

销货单位	
名　　称	润扬机电有限责任公司
纳税人识别号	321812136677890
地 址 、电 话	扬州市城西路 208 号
开户行及账号	市工行城西办 1108020209005432167
备注	

销售单位（章）　　收款人：陆　敏　　复核：唐　涛　　开票人：张　红

第二联　发票联　购货方记账凭证

表 4-3　转账支票存根

中国工商银行

转账支票存根（苏）

支票号码：**00153693**

附加信息

出票日期 2011.04.10

收款人：	润扬机械股份有限公司
金额：	¥3 510.00
用途：	货款
备注：	

单位主管 张康　　会计 姚远

复核 吴洁　　记账 黄敏

2. 4月12日,购买轿车一辆,并交付使用,见表4-4～表4-10。

表4-4　机动车销售统一发票

机动车销售统一发票

发票联

发票代码 **366000630778**

开票日期: **2011** 年 **04** 月 **12** 日　　　　发票号码 **67748910**

机打代码 机打号码 机器编号	655000820889 71158630	税控码				
购货单位(人)	润扬机械股份有限公司		身份证号码(组织机构代码)			99078919
车辆类型	轿车	厂牌型号	福特蒙迪欧	产地		重庆
合格证号	8000065567	进口证明号	无	商检号		无
发动机号码	C696789	车辆识别代码/车架号码		C334456		
价税合计	人民币(大写)贰拾壹万零陆佰元整　¥210 600.00					
销货单位名称	扬州福特汽车销售有限责任公司		电话			
纳税人识别号	320923458076628		账号	1108020209003216549		
地　　址	扬州市扬子路218号	开户银行	中国工商银行扬州市城南分理处			
增值税税率(征收率)	17%	增值税税额	¥30 600.00	主管税务机关	扬州市国税局开发区分局	
不含税价	小写¥180 000.00	吨位		限乘人数	5人	

销售单位(章)　　开票人: 李　月　　备注:一车一票

第二联 发票(购货单位付款凭证)

表 4-5　保险业专用发票

中国人民财产保险股份有限公司

保　险　业　专　用　发　票

发　票　联

发票代码 **233000630556**

开票日期：**2011** 年 **04** 月 **12** 日　　　　发票号码 **08848976**

付款人：润扬机械股份有限公司

承保险种：一般机动车辆保险

保险单号：PDAA86695506082203964　　　　批单号：PDAA201104120965503851

保险费金额（大写）人民币叁仟玖佰元整　　　　小写：¥3 900.00

附注：

经手人：车管所 周　华　　　　复核：　　　　保险公司（签章）　　　　地址：

表 4-6　转账支票存根

中国工商银行

转账支票存根（苏）

支票号码：**00153695**

附加信息

出票日期 2011.04.12

收款人：	扬州福特汽车销售有限责任公司
金额：	¥210 600.00
用途：	购车款
备注：	

单位主管 张康　　会计 姚遥

复核 吴洁　　记账 黄敏

表 4-7　转账支票存根

中国工商银行

转账支票存根（苏）

支票号码：**00153696**

附加信息

出票日期 2011.04.12

收款人：	扬州平安保险公司
金额：	¥3 900.00
用途：	车辆保险
备注：	

单位主管 张康　　会计 姚遥

复核 吴洁　　记账 黄敏

表 4-8　转账支票存根

中国工商银行

转账支票存根（苏）

支票号码：**00153698**

附加信息

出票日期 2011.04.12

收款人：	扬州市国家税务局
金额：	¥18 000.00
用途：	车辆购置税
备注：	

单位主管 张康　　会计 姚遥

复核 吴洁　　记账 黄敏

表 4-9　车辆购置税缴税凭证

车辆购置税缴税凭证

2011 年 04 月 12 日　　　　苏(2011)0022853538

车　　主	润扬机械股份有限公司				
车辆厂牌号码	福特蒙迪欧—致胜 MONDEO		国产/进口	国产	
车辆计税价格	180 000	缴税金额	18 000	滞纳金	
合计金额(大写)	壹万捌仟元整				
发给车辆购置税完税证明号码：				第　　号	

征收单位：扬州市车购办　　收款人：刘　英　　开票人：张　玲

表 4-10　固定资产验收交接单

固定资产验收交接单

2011 年 04 月 12 日

资产型号	资产名称	型号规格或结构面积	计量单位	数量	设备价值或造价	安装费用	附加费用	合计
	福特汽车		辆	1	232 500.00	/	/	232 500.00
资产来源		购入	耐用年限				主要附属设备	
制造厂名		长安福特	估计年限					
制造日期及编号		2010.10.1	基本折旧率					
工程项目或使用部门		行政部门	估计残值					

本单一式三份，资产管理部门、财务部门、交接双方及上级各一份（右侧竖排：本资产单分送财务部门、资产管理部门、交接双方及上级）

交验部门主管：李　刚　　点交人：王　志　　接管部门主管：李　强　　接管人：姚　玉

3. 4月15日，购买需安装的设备一台，并支付运费，见表4-11～表4-13。

表4-11　江苏增值税专用发票

江苏增值税专用发票

发　票　联

3200968613　　　　开票日期：2011年04月15日　　　　№ 07448569

购货单位	名　　称：润扬机械股份有限公司 纳税人识别号：321812132062219 地 址、电 话：扬州市江州路101号 开户行及账号：市工行城东办 1108020209007654321				密码区			
货物或应税劳务名称	规格型号	单位	数量	单价	金额	税率	税额	
锅　炉		台	1	70 000.00	70 000.00	17%	11 900.00	
合　计					¥70 000.00		¥11 900.00	
价税合计（大写）捌万壹仟玖佰元整					（小写）¥81 900.00			
销货单位	名　　称：扬州市锅炉厂 纳税人识别号：321812136633443 地 址、电 话：扬州市润南路109号 开户行及账号：市工行城南办 1108020209005433579				备注			

第二联　发票联　购货方记账凭证

销售单位（章）　　收款人：陆　敏　　复核：唐　涛　　开票人：张　红

表4-12　运费统一结算发票

运费统一结算发票

2011年04月15日

货物名称	单位	数量	公里	吨公里	运率	金额
锅　炉	台	1	20			200.00
合计（大写）	贰佰元整					

会计：李　红　　制单：霍　玲　　运输单位（章）

表 4-13 转账支票存根

中国工商银行

转账支票存根（苏）

支票号码：**00153700**

附加信息 —

出票日期 2011.04.15

收款人：扬州市锅炉厂	
金额：¥82100.00	
用途：货款、运费	
备注：	

单位主管 张康　　会计 姚远

复核 吴洁　　记账 黄敏

4. 4 月 19 日，支付设备安装费，并将设备交付使用，见表 4-14 ~ 表 4-16。

表 4-14 转账支票存根

中国工商银行

转账支票存根（苏）

支票号码：**00153701**

附加信息

出票日期 2011.04.19

收款人：锅炉安装公司	
金额：¥2000.00	
用途：锅炉安装费	
备注：	

单位主管 张康　　会计 姚远

复核 吴洁　　记账 黄敏

表 4-15　收　　据

收　　据

2011 年 04 月 19 日　　　　　　　　　　**№ 327654**

交款单位　润扬机械股份有限公司　　　　收款方式　转　账

人民币(大写)　贰仟元整　　　　　　　　¥ 2 000.00

收款事由　锅炉安装公司安装费

扬州市锅…安装公司　45678108800　财务专用章

2011 年 4 月 19 日

单位(章)　　会计主管：　　记账：　　出纳：　　复核：　　经办：王　军

(三)交给付款单位

表 4-16　固定资产验收交接单

固定资产验收交接单

2011 年 04 月 19 日

<table>
<tr><td>资产型号</td><td>资产名称</td><td>型号规格或结构面积</td><td>计量单位</td><td>数量</td><td>设备价值或造价</td><td>安装费用</td><td>附加费用</td><td>合计</td></tr>
<tr><td></td><td>锅　炉</td><td></td><td>台</td><td>1</td><td>70 000.00</td><td>2 000.00</td><td>186.00</td><td>72 186.00</td></tr>
<tr><td colspan="2">资产来源</td><td>购入</td><td colspan="2">耐用年限</td><td colspan="2">15</td><td rowspan="4">主要附属设备</td><td rowspan="4"></td></tr>
<tr><td colspan="2">制造厂名</td><td>扬州锅炉厂</td><td colspan="2">估计年限</td><td colspan="2"></td></tr>
<tr><td colspan="2">制造日期及编号</td><td>2010.12.1</td><td colspan="2">基本折旧率</td><td colspan="2"></td></tr>
<tr><td colspan="2">工程项目或使用部门</td><td>生产部门</td><td colspan="2">估计残值</td><td colspan="2"></td></tr>
</table>

交验部门主管：王　强　　点交人：潘　明　　接管部门主管：赵　志　　接管人：蔡　明

本单分送财务部门交接双方及上级资产管理部门

5. 4 月 25，报废汽车一辆，并清理完毕，见表 4-17、表 4-18。

表 4-17　收据(代收款凭单)

收　　据(代收款凭单)

2011 年 04 月 25 日　　　　　　　　　　**№ 678345**

交款单位　厂办张文　　　　收款方式　现　金

人民币(大写)　伍拾元整　　　　　　　　¥ 50.00

收款事由　[illegible]汽车残值收入

45678103456　财务专用章

2011 年 4 月 25 日

单位(章)　　会计主管：　　记账：　　出纳：黄　敏　　复核：吴　洁　　经办：张　文

(二)代收款凭单

表 4-18　固定资产清理报废单

固定资产清理报废单

2011 年 04 月 25 日

<table>
<tr><td>型号</td><td>资产名称</td><td>计量单位</td><td>数量</td><td>原始价值</td><td>已提折旧</td><td>净值</td><td>支付清理费</td><td>变价收入</td></tr>
<tr><td></td><td>三轮小货车</td><td>辆</td><td>1</td><td>10 000.00</td><td>9 800.00</td><td>200.00</td><td>0</td><td>50.00</td></tr>
<tr><td colspan="2">制造单位</td><td></td><td colspan="2">预计使用年限</td><td colspan="2">15</td><td rowspan="3">申请
报废
原因</td><td rowspan="3">到期
不能
使用</td></tr>
<tr><td colspan="2">制造日期及编号</td><td></td><td colspan="2" rowspan="2">实际使用年限</td><td colspan="2" rowspan="2">15</td></tr>
<tr><td colspan="2">使用部门</td><td>销售部门</td></tr>
</table>

会计主管：　　出纳：　　复核：吴 洁　　记账：罗 静　　制单：姚 远

6. 4 月 30 日，计提固定资产折旧，见表 4-19。

表 4-19　固定资产折旧计提表

固定资产折旧计提表

2011 年 04 月 30 日

固定资产类别		固定资产原值(元)	月折旧率(‰)	月折旧额(元)
铸造车间	房屋	665 000	4	
	设备	1 800 000	6	
	小计	2 465 000		
机加工车间	房屋	387 600	4	
	设备	1 500 000	6	
	小计	1 887 000		
金工车间	房屋	75 000	4	
	设备	80 000	6	
	小计	155 000		
装配车间	房屋	629 500	4	
	设备	800 000	6	
	小计	1 429 000		
机修车间	房屋	218 500	4	
	设备	900 000	6	
	小计	1 118 500		
运输队	房屋	113 000	4	
	设备	250 000	6	
	小计	363 000		
管理部门	房屋	900 000	4	
	办公设备	12 000	6	
	运输用具	140 000	6	
	小计	1 052 000		
总　计		8 469 500		

7. 2011 年 6 月 30 日，以融资租赁形式租入设备一台，投入生产使用（经查，6 期利率为 7% 的年金现值系数为 4.766），见表 4-20。

表 4-20　融资租赁合同（摘要）

融资租赁合同（摘要）

出租人（以下简称甲方）：华兴股份有限公司
承租人（以下简称乙方）：润扬机械股份有限公司

根据《中华人民共和国经济合同法》及有关规定，经甲乙双方商定，签订本融资租赁合同。

第一条　合同依据和租赁物件

第一款　甲方根据乙方提供的国家有关批准文件，同意乙方的租赁申请，由甲方提供高级机床一台，供乙方使用。

第二款　租赁物件总成本为 70 万元，公允价值为 70 万元，预计使用年限 5 年。

第三款　租赁期间，租赁物件的所有权属于甲方，乙方具有使用权。

第四款　租赁期满，甲方同意将租赁物件的所有权（无需支付买价，无担保余值）转让给乙方。

第二条　租赁期限和租金

第一款　租赁期限为 3 年，自 2011 年 6 月 30 日起至 2014 年 6 月 30 日止。

第二款　租金总额为 90 万元，每 6 个月交付一次，每次交付租金 15 万元。

第三款　合同规定利率为 7%。

承租人（签章）　　　　　　　　　　　　出租人（签章）
2011 年 6 月 30 日　　　　　　　　　　　2011 年 6 月 30 日

（印章：润扬机械股份有限公司）　　（印章：华兴股份有限公司）

附　租赁设备交接单（略）

8. 2011 年 12 月 31 日，支付给华兴股份有限公司融资租赁设备租金 15 万元，见表 4-21、表 4-22。

表 4-21　电汇凭证（回单）

中国工商银行电汇凭证（回单）

2011 年 12 月 31 日

<table>
<tr><td rowspan="3">付款人</td><td>全　称</td><td colspan="3">润扬机械股份有限公司</td><td rowspan="3">收款人</td><td>全　称</td><td colspan="10">华兴股份有限公司</td></tr>
<tr><td>账号或地址</td><td colspan="3">11080202090007654321</td><td>账号或地址</td><td colspan="10">11080202010019</td></tr>
<tr><td>汇出地点</td><td>扬州市</td><td>汇出行名称</td><td>扬州市工行城东分理处</td><td>汇入地点</td><td colspan="3">南京</td><td colspan="3">汇入行名称</td><td colspan="4">南京市工行高桥分理处</td></tr>
<tr><td rowspan="2">金额</td><td colspan="5" rowspan="2">人民币（大写）壹拾伍万元整</td><td>千</td><td>百</td><td>十</td><td>万</td><td>千</td><td>百</td><td>十</td><td>元</td><td>角</td><td>分</td><td></td></tr>
<tr><td></td><td>¥</td><td>1</td><td>5</td><td>0</td><td>0</td><td>0</td><td>0</td><td>0</td><td>0</td><td></td></tr>
<tr><td colspan="6"></td><td colspan="11">（印章：中国工商银行扬州市支行 城东分理处 2011.12.31 转讫 (2)）
汇出行签章
2011 年 12 月 31 日</td></tr>
</table>

回单或收账通知

单位主管：张　康　　会计：姚　远　　复核：吴　洁　　记账：黄　敏

表 4-22　江苏省统一发票

江苏省统一发票

发　票　联

发票代码 1234567890

客户名称：润扬机械公司　　2011 年 12 月 31 日　　发票号码 0012345668

项　目	计量单位	数量	单价	金　额								
				百	十	万	千	百	十	元	角	分
融资租赁租金		半年		¥	1	5	0	0	0	0	0	0
合计人民币（大写）壹拾伍万元整				¥	1	5	0	0	0	0	0	0

第二联　发票联（报销凭证）

开票单位：（未盖章无效）　华兴股份有限公司 4567810890 发票专用章　　开票人：洪　磊　　收款人：朱　明

9. 2011 年 12 月 31 日，摊销未确认融资费用，编制未确认融资费用摊销表（经测算，该融资租入固定资产的实际利率为 7.7%），见表 4-23。

表 4-23　未确认融资费用摊销表

未确认融资费用摊销表

2011 年 12 月 31 日　　单位：元

日　期	租金	确认的融资费用	应付本金减少额	应付本金余额
(1)	(2)	(3) = 期初(5) ×7.7%	(4) = (2) − (3)	期末(5) = 期初(5) − (4)
2011.06.30				
2011.12.31				
2012.06.30				
2012.12.31				
2013.06.30				
2013.12.31				
2014.06.30				
合　计				

10. 2011 年 12 月 31 日，计提 2011 年 12 月份融资租入固定资产折旧，编制融资租入固定资产折旧计提表，见表 4-24。

表 4-24　融资租入固定资产折旧计提表

融资租入固定资产折旧计提表

2011 年 12 月 31 日

固定资产类别		固定资产原值	月折旧率(‰)	月折旧额(元)
铸造车间	设备			
	小计			

实验5　无形资产核算实验

一、实验目的

通过实验,使学生掌握无形资产增加和减少的核算方法,熟悉无形资产摊销的计算及核算方法。

二、实验程序和要求

1. 根据原始凭证编制记账凭证。
2. 编制无形资产摊销计算表。
3. 根据记账凭证定期编制科目汇总表。
4. 根据科目汇总表定期登记总分类账。
5. 撰写实验报告。

三、实验资料

润扬机械股份有限公司2011年5月1日总账科目月初余额资料见表5-1。

表5-1　总账科目月初余额资料

总账科目	借方余额	贷方余额
银行存款	700 000.00	
无形资产	500 000.00	
应交税费		15 000.00

润扬机械股份有限公司2011年5月主要业务资料如下:

1. 5月4日,润扬机械股份有限公司收到华润公司捐赠的一项特许使用权A,经评估确定的价值为50 000元,使用年限5年,见表5-2、表5-3。

表 5-2 捐赠协议(摘要)

捐赠协议(摘要)

为支持润扬机械股份有限公司的发展,甲、乙双方经友好协商,达成以下捐赠协议:

一、甲方自愿向乙方捐赠特许使用权 A,评估价值为 50 000 元。

二、甲方承诺本捐赠为具有支配权的合法财产。

三、甲方承诺于 2011 年 5 月 4 日前将特许使用权 A 移交乙方。

四、乙方承诺按捐赠者的意愿和有关规定管理、使用捐赠资产,并为捐赠者查询捐赠资产的使用、管理情况提供条件。

甲方(签章):华润公司　　　　乙方签章:润扬机械股份有限公司

2011 年 5 月 4 日　　　　2011 年 5 月 4 日

表 5-3 捐赠资产交接单

捐赠资产交接单

2011 年 05 月 04 日　　　　编号:12853

资产名称	规格	单位	数量	预计使用年限	已使用年限	发票价格或重置价格	已摊销额	净值	备注
特许权 A			1	5	0	50 000.00	0	50 000.00	
捐赠人	华润公司 经手人:潘阳			被捐赠人	润扬机械股份有限公司 经手人:周华				

2. 5 月 6 日,将拥有的一项非专利技术出售,取得收入 300 000 元,营业税税率 5%,城市维护建设税税率 7%,教育费附加税率 3%,见表 5-4、表 5-5。

表 5-4 无形资产出账通知单

无形资产出账通知单

2011 年 05 月 06 日　　　　编号:35790

类别	名称	数量	原值	月摊销额	使用年限	累计摊销额	出账原因
非专利技术	非专利技术	1	220 000.00	0		0	出售

表 5-5　进账单(收账通知)

中国工商银行江苏分行**进账单**(收账通知)　3

2011 年 05 月 06 日

第　　号

付款人	全称	江苏金陵有限责任公司	收款人	全称	润扬机械股份有限公司
	账号	00381208010019		账号	1108020209007654321
	开户银行	中国工商银行扬州市支行高桥分理处		开户银行	中国工商银行扬州市支行城东分理处

人民币(大写)	叁拾万元整	千	百	十	万	千	百	十	元	角	分
			¥	3	0	0	0	0	0	0	0

票据种类	转账支票
票据张数	1
单位主管　会计　复核 黄敏　记账	中国工商银行扬州市支行城东分理处 20110506 转讫 (2) 收款人开户银行盖章

此联是收款人开户银行交给收款人的收款通知

3. 5 月 10 日,购买技术并支付验资费,见表 5-6 ~ 表 5-9。

表 5-6　验资报告

江苏金陵会计师事务所

验　资　报　告

我接受润扬机械股份有限公司、上海技术研究所委托,对其申报机床自控技术进行验资,经验资核实,并附验资证明。

江苏金陵会计师事务所

2011 年 5 月 10 日

地址:扬州市国庆路 118 号

邮编:225000

表 5-7　上海市技术交易统一发票

上海市技术交易统一发票

发　票　联

2011 年 05 月 10 日　　　　　　　　　　　　第　　号

收款人	全　称	上海机电技术研究所	付款人	全　称	润扬机械股份有限公司
	账　号	11003812080100l9456		账　号	1108020209007654321
	开户银行	中国工商银行上海市闸北分理处		开户银行	中国工商银行扬州市城东分理处

技术交易项目名称	类别	完成时间	成交金额
机床自控技术		2011 年 5 月 10 日	¥55 600.00
合计金额(大写)	伍万伍仟陆佰元整		
说明	1. 本收据未经收款单位加盖财务专用章无效。 2. 本收据仅限技术交易收入使用,填开其他内容无效。		

收款单位(盖章)　　　　　　　　经手人: 李　明

第二联　发票联(付款单位支付凭证)

表 5-8　验资证明

验 资 证 明

被验单位: 上海机电技术研究所

投资项目		金　额	投资单位	资金来源	经济性质	附注
流动资金						技术说明书、技术图纸、专有技术证书复印件
固定资金						
其他资金	无形资产	55 600.00	上海机电研究所			
	自控技术					
合　计		人民币(大写)伍万伍仟陆佰元整(¥55 600.00)				
实有投资总额		人民币(大写)伍万伍仟陆佰元整(¥55 600.00)				
说明事项		两单位由于发生此项专有技术交易,经验资确认其技术资金含量,并以此为交易价格。				

验资单位: 江苏金陵会计师事务所(章)　　　　注册会计师: 徐　明 (签章)

2011 年 5 月 10 日

表 5-9 收　据

收　据

2011 年 05 月 10 日　　　　№ 789321

交款单位 润扬机械股份有限公司　　收款方式 现金

人民币(大写) 肆佰元整　　¥ 400.00

收款事由 无形资产验资费

江苏金陵会计师事务所 2345654098 财务专用章

2011 年 5 月 10 日

单位(章)　会计主管:　记账:　出纳: 王 昂　复核:　经办: 张 山

(三) 交给付款单位

4. 5 月 31 日,特许使用权 A 按 5 年摊销,见表 5-10。

表 5-10 无形资产摊销计算表

无形资产摊销计算表

2011 年 05 月 31 日

无形资产名称	原　值	使用年限	本月摊销额
特许使用权 A			

实验6　流动负债核算实验

一、实验目的

通过实验使学生掌握流动负债的核算方法,熟悉短期借款利息的计算及应付职工薪酬的核算方法等。

二、实验程序和要求

1. 根据原始凭证编制记账凭证。
2. 编制职工薪酬计算表及利息费用计算表。
3. 根据记账凭证定期编制科目汇总表。
4. 根据科目汇总表定期登记总分类账。
5. 撰写实验报告。

三、实验资料

润扬机械股份有限公司2011年6月1日总账科目月初余额资料见表6-1。

表6-1　总账科目月初余额资料

总账科目	借方余额	贷方余额
库存现金	5 000.00	
银行存款	600 000.00	
生产成本	8 000.00	
短期借款		30 000.00
应付职工薪酬		120 000.00
应交税费		15 000.00
应付利息		1 500.00

润扬机械股份有限公司2011年6月主要业务资料如下:

1. 6月1日,润扬机械股份有限公司取得小型技术措施借款,见表6-2。

表 6-2　小型技术措施贷款借据(回单)

小型技术措施贷款借据(回单)

2011 年 06 月 01 日

贷款单位	润扬机械股份有限公司	贷款申请书编号		贷款账号		存款账号	20110601

贷款金额	人民币壹万伍仟元整	百	十	万	千	百	十	元	角	分	还款日期	2011 年 8 月 31 日
			¥	1	5	0	0	0	0	0		

银行核定金额	人民币(大写)壹万伍仟元整	银行核定还款日期	2011 年 8 月 31 日
		银行实际放出日期	2011 年 6 月 1 日

兹向你行贷到上列润扬机械股份有限公司贷款,到期时请凭此借据从本单位存款账户中收回。

此致

中国工商银行扬州市支行城东分理处

贷款单位(章)(预留印鉴)　润扬机械股份有限公司 45678103456 财务专用章

负责人(章)

上列贷款已按银行核定金额发放,并收入你单位 20110601 账户。此致润扬机械股份有限公司。

城东分理处 20110601 转讫 (2)

银行签章

2011 年 6 月 1 日

注:年利率 10%。

还款记录	日期	还款金额	未还金额	记账员	复核员	日期	还款金额	未还金额	记账员	复核员

2. 6 月 20 日,发放工资,见表 6-3、表 6-4。

表 6-3　现金支票存根

中国工商银行 (苏)

现金支票存根

NO01640625

科　　目 ________

对方科目 ________

出票日期 2011. 06. 20

收款人:黄敏
金　额:¥111970.00
用　途:发工资

单位主管 张康　会计 姚远

表 6-4　工资结算汇总表

工资结算汇总表

2011 年 06 月 20 日

部门	项目	标准工资	考勤奖	津贴			缺勤工资		合理化建议奖	交通补助费	应付工资	代扣款项					实发工资
				副食补贴	回民补贴	夜班津贴	病假	事假				家属医药费	水电费	公房租金	托儿费	小计	
铸造车间	生产工人	18 430	3 300	2 750	50		200	400	1 200	900	26 030	310	944	85	147	1 486	24 544
	管理人员	2 340	100	150			30	45	110	60	2 685	100	50	10	100	260	2 425
机加工车间	生产工人	19 560	4 000	2 840	60	220	140	360	1 400	1 200	28 780		1 060	60	80	1 200	27 580
	管理人员	3 100	240	260			20	40	160	90	3 790	50	100	12		162	3 628
金工车间	生产工人	14 270	2 500	2 100		320	150	320	1 030	620	20 370	230	980	83	150	1 443	18 927
	管理人员	2 100	160	135			10	30	90	46	2 491		150	11	120	281	2 210
装配车间	生产工人	5 560	640	430			30	70	210	124	6 864	50	180	65	55	350	6 514
	管理人员	700	35	46			5	6	20	12	802	10	10		20	40	762
机修车间	生产工人	6 400	1 500	430			140	300	760	370	9 020	150	470	26	130	776	8 244
	管理人员	1 200	90	75			15	20	60	30	1 420		40	16	60	116	1 304
厂部		6 680	1 020	840	40		100	150	540	270	9 140	150	650	18	200	1 018	8 122
医务福利部门		1 840	120	100			20	40	60	30	2 090	100	80	30	40	250	1 840
销售机构		2 000	300	150					70	20	2 540		50	30		80	2 460
运输队		3 000	200	180			10		80	30	3 480		60	10		70	3 410
合计		87 180	14 205	10 486	150	540	870	1 781	5 790	3 802	119 502	1 150	4 824	456	1 102	7 532	111 970

3. 6月30日,计提、分配职工薪酬,见表6-5。

表6-5　计提、分配职工薪酬表

薪酬 部门	工资总额	职工福利费(10%)	社会保险费(30%)	住房公积金(10%)	工会经费(2%)	职工教育经费(1.5%)	合计
基本生产车间	9 2484						
车间管理部门	9 768						
行政管理部门	9 140						
运输队	3 480						
医务福利部门	2 090						
销售部门	2 540						
合计	119 502						

4. 6月30日,支付职工住院补助,见表6-6。

表6-6　申请书

申 请 书

公司领导:

本人因工伤需住院治疗,特申请住院伙食补助500元整,请批准。

申请人:王刚

2011.6.30

该同志情况属实,同意给予补助500元整。

李 俊

2011.6.30

5. 6月30日,计提小型技术措施借款利息,见表6-7。

表6-7　利息费用计算表

利息费用计算表

2011年06月30日

费用种类	会计科目		计算过程	金　额
	总账科目	明细账科目		
小型技术措施借款(年利率10%)	财务费用	利息		
	应付利息			

6. 6月30日,交纳本月应缴增值税90 000元,见表6-8。

表6-8　税收电子缴库凭证

扬州市税收电子缴库凭证　（国）

流水号：398417　　　　　缴款日期：20110630

缴款人	全　称	润扬机械股份有限公司	收缴国库	扬州市广陵区金库
	账　号		国库开户行	人民银行
	开户行	中国工商银行扬州市支行城东分理处	征收单位	扬州市国家税务局城东分局
金额	人民币（大写）玖万元整　　¥90 000.00			
内容	预算收入		备注	预算收入
管理码：321001755898026　电子税票号：320011006831424108				上述款项已扣缴 工商银行扬州支行 （银行盖章） 20110630 业务讫章
税种	级次	所属时期	限缴期限	纳税金额
增值税	中央75%地方25%	2011/06/012011/06/30	20110715	90 000.00

客户回单联

打印日期：20110630

实验 7　长期负债核算实验

一、实验目的

通过实验使学生掌握长期负债的核算方法，熟悉长期借款、应付债券利息的计算及核算方法等。

二、实验程序和要求

1. 根据原始凭证编制记账凭证。
2. 编制利息费用计算表及应付债券折价摊销计算表等。
3. 根据 7 月份记账凭证编制科目汇总表。
4. 根据 7 月份科目汇总表定期登记总分类账。
5. 撰写实验报告。

三、实验资料

润扬机械股份有限公司 2011 年 7 月 1 日总账科目月初余额资料见表 7-1。

表 7-1　总账科目月初余额资料

总账科目	借方余额	贷方余额
银行存款	800 000.00	
在建工程	150 000.00	
应付利息		5 000.00
长期借款		1 000 000.00

润扬机械股份有限公司 2011 年 7 月主要业务资料如下：

1. 7 月 1 日，润扬机械股份有限公司为修建厂房，从银行取得 3 年期借款 300 万元，贷款年利率 6%，见表 7-2、表 7-3。

表 7-2　抵押贷款合同

抵押贷款合同

合同编号:20110701

贷款抵押人:润扬机械股份有限公司,以下简称甲方;
贷款抵押权人:中国工商银行扬州市分行城东分理处,以下简称乙方。

甲方因生产需要,向乙方申请贷款作为修建厂房资金,双方经协商一致同意,甲方以资产作为抵押贷款条件,乙方提供双方商定的贷款额。为此,特订立本合同。

第一条　贷款内容

贷款总金额:300 万元整。

贷款期限:36 个月。自 2011 年 7 月 1 日起,至 2014 年 6 月 30 日止。

贷款用途:厂房修建资金。

第二条　抵押物事项(略)

第三条　甲乙双方义务(略)

第四条　违约责任(略)

第五条　其他规定(略)

第六条　有关本合同的费用承担(略)

第七条　本合同生效条件(略)

第八条　争议的解决(略)

本合同一式三份,甲乙双方各执一份,公证处留存一份。

甲方:　　　　　　　　　　乙方:

润扬机械股份有限公司　　　　　　中国工商银行扬州市分行城东分理处

代表人:张 康　　　　　　代表人:刘 志

地址:略　　　　　　地址:略

银行及账号:略　　　　　　银行及账号:略

订立时间:2011 年 7 月 1 日　　　　　　订立地点:略

表 7-3　借款凭证(入账通知)

中国工商银行**借款凭证**(入账通知)

2011 年 07 月 01 日　　　　凭证号码:5645152

<table>
<tr><td>借款人</td><td>润扬机械股份有限公司</td><td>贷款账号</td><td colspan="4">34659784567543 21</td><td colspan="3">存款账号</td><td colspan="6">1108020209007654321</td></tr>
<tr><td rowspan="2">借款金额</td><td rowspan="2">人民币
(大写)</td><td colspan="3" rowspan="2">叁佰万元整</td><td>千</td><td>百</td><td>十</td><td>万</td><td>千</td><td>百</td><td>十</td><td>元</td><td>角</td><td>分</td></tr>
<tr><td>¥</td><td>3</td><td>0</td><td>0</td><td>0</td><td>0</td><td>0</td><td>0</td><td>0</td><td>0</td></tr>
<tr><td rowspan="2">用途</td><td rowspan="2">厂房修造</td><td>期限</td><td colspan="4">约定还款日期</td><td colspan="10">2014 年 6 月 30 日</td></tr>
<tr><td>36 个月</td><td colspan="4">贷款利率</td><td colspan="3">6%(年)</td><td colspan="4">合同号码</td><td colspan="3">20110701</td></tr>
<tr><td colspan="17">上列贷款已转入借款人指定账户。
复核:鸿 宇　　　　记账:陆 蓉</td></tr>
</table>

2. 7 月 1 日，经国家批准，发行 3 年期公司债券筹集资金以扩大企业生产规模，收到卖出债券收入（经计算，债券实际年利率为 7.1%），见表 7-4 ~ 表 7-6。

表 7-4　公司债券发行方案（申请）批复书

公司债券发行方案（申请）批复书

一、为解决本公司扩大生产规模所需资金，决定发行企业债券。

二、本次公司债券的面值总额为 8 000 万元。

三、本次公司债券的面值为 1 000 元，为记名式债券。

四、本次公司债券发行价格：按债券面值的 95% 折价发行。

五、本次公司债券票面年利率为 5.2%。

六、本次公司债券偿还期限为 3 年，到期日为 2014 年 6 月 30 日。每半年付息一次，到期还本，不计复利。

七、本次公司债券的发行期间为 2011 年 7 月 1 日至 2013 年 6 月 30 日。

八、本次公司债券的承销机构为中国工商银行扬州市支行。

九、本公司发行资格（略）。

润扬机械股份有限公司董事会（印）　　　　批复单位（盖章）

润扬机械股份有限公司董事长（签名）　　　　批准文号：795948371

表 7-5　证券买入（债券认购/申购）委托单

中国工商银行　证券买入（债券认购/申购）委托单

企业债券　　　　2011 年 07 月 01 日

客户填写			
客户名称		证券卡号	006013572469
被授权人姓名		市场代码	0446608
证券代码		证券名称	润扬机械股份有限公司债券
认购客户填写	申购客户填写	买入客户填写	
认购份额	申购金额	买入价格（元）	950
		买入数量（张）	80 000

银行打印	
交易名称	流水号
委托日期　2011 年 7 月 1 日	证券卡号　006013572469
市场代码　0446608	证券代码
证券名称　润扬机械股份有限公司债券	
单价（元）　950.00	面值总额（万元）　8 000.00
销售总金额（万元）　7 600.00	
到期日　2014 年 6 月 30 日	年利率（%）　5.2
操作员	银行印鉴

中国工商银行扬州市支行　城东分理处　20110701　(3)

复核：马　进　　　　经办：黄　丽　　　　客户签名：张　康

表 7-6 特种转账贷方凭证

中国工商银行特种转账贷方凭证

2011 年 07 月 01 日

<table>
<tr><td rowspan="3">付款人</td><td>全　称</td><td>中国工商银行扬州市支行</td><td rowspan="3">收款人</td><td>全　称</td><td colspan="11">润扬机械股份有限公司</td><td rowspan="7">代借方凭证或支票通知</td></tr>
<tr><td>账号或地址</td><td>1108020209008382051</td><td>行　号</td><td colspan="11">1108020209007654321</td></tr>
<tr><td>开户银行</td><td>本行</td><td>开户银行</td><td colspan="11">中国工商银行扬州市支行城东分理处</td></tr>
<tr><td rowspan="2">金额</td><td colspan="2" rowspan="2">人民币（大写）柒仟陆佰万元整</td><td>亿</td><td>千</td><td>百</td><td>十</td><td>万</td><td>千</td><td>百</td><td>十</td><td>元</td><td>角</td><td>分</td></tr>
<tr><td>¥</td><td>7</td><td>6</td><td>0</td><td>0</td><td>0</td><td>0</td><td>0</td><td>0</td><td>0</td><td>0</td></tr>
<tr><td>原凭证金额</td><td></td><td>赔偿金</td><td colspan="11" rowspan="2">科　目（贷）
对方科目（借）
事后监督
中国工商银行扬州市支行城东分理处 20110701 转讫 (2)</td></tr>
<tr><td>原凭证名称</td><td></td><td>号码</td></tr>
<tr><td>转账原因</td><td colspan="2">债券款</td><td colspan="11">复核　　　　记账</td></tr>
</table>

3. 12 月 31 日，计提本年度长期借款 300 万元利息，编制银行长期贷款利息计算表（厂房正在修建中），见表 7-7。

表 7-7 长期贷款利息计算表

长期贷款利息计算表

2011 年 12 月 31 日

贷款项目	贷款金额	年利率	利息金额	备注
3 年期借款	3 000 000.00	6%		半年
合　计				

4. 12 月 31 日，计提本年度应付债券利息，编制应付债券折价摊销计算表，见表 7-8。

表 7-8　应付债券折价摊销计算表

应付债券折价摊销计算表

计息日期	票面利息(1)	实际利息(2)	折价摊销(3)	未摊销折价(4)	摊余成本(5)
	(1) = 面值 × 票面利率	(2) = 上期(5) × 实际利率	(3) = (2) - (1)	(4) = 上期(4) - (3)	(5) = 上期(5) + (3)
2011.07.01					
2011.12.31					
2012.06.30					
2012.12.31					
2013.06.30					
2013.12.31					
2014.06.30					

实验8　所有者权益核算实验

一、实验目的

通过实验使学生掌握所有者权益的核算，熟悉实收资本、资本公积的核算方法等。

二、实验程序和要求

1. 根据原始凭证编制记账凭证。
2. 根据8月份记账凭证编制科目汇总表。
3. 根据8月份科目汇总表定期登记总分类账。
4. 撰写实验报告。

三、实验资料

润扬机械股份有限公司2011年8月1日总账科目月初余额资料见表8-1。

表8-1　总账科目月初余额资料

总账科目	借方余额	贷方余额
银行存款	80 000 000.00	
固定资产	6 000 000.00	
实收资本		20 000 000.00
资本公积		6 000 000.00
盈余公积		2 000 000.00
利润分配		1 000 000.00

润扬机械股份有限公司2011年8月主要业务资料如下：

1. 8月1日，润扬机械股份有限公司为增加注册资本，接受华兴股份有限公司投资的500万元，见表8-2、表8-3。

表8-2　投资协议书(摘要)

投资协议书(摘要)

投资单位:华兴股份有限公司

被投资单位:润扬机械股份有限公司

经双方协商，润扬机械股份有限公司同意接受华兴股份有限公司以货币资金投资，投资额为5 000 000元，享受润扬机械股份有限公司注册资本20%的股权，每年按此分配润扬机械股份有限公司的净利润。

投资人(签章)华兴股份有限公司　　2011年8月1日

接受投资人(签章)润扬机械股份有限公司　　2011年8月1日

表 8-3　进账单（收账通知）

中国工商银行江苏分行**进账单**（收账通知）　3

2011 年 08 月 01 日　　　　　第　　号

付款人	全　称	华兴股份有限公司	收款人	全　称	润扬机械股份有限公司
	账　号	11080202010019		账　号	1108020209007654321
	开户银行	中国工商银行南京市支行高桥分理处		开户银行	中国工商银行扬州市支行城东分理处

人民币（大写）	伍佰万元整	千	百	十	万	千	百	十	元	角	分
		￥	5	0	0	0	0	0	0	0	0

票据种类	转账支票	中国工商银行扬州市支行城东分理处 20110801 转讫 (2)
票据张数	1	
单位主管　会计　复核　黄敏　记账		收款人开户银行盖章

此联是收款人开户银行交给收款人的收账通知

2. 8 月 5 日，润扬机械股份有限公司为增加注册资本，接受华润股份有限公司投资 108 万元，见表 8-4 ~ 表 8-7。

表 8-4　投资协议书（摘要）

投资协议书（摘要）

投资单位：华润股份有限公司

被投资单位：润扬机械股份有限公司

经双方协商，润扬机械股份有限公司同意接受华润股份有限公司以长安汽车 2 辆（确认价值计 80 000 元）和货币资金 1 000 000 元投资，投资总额为 1 080 000 元，享受润扬机械股份有限公司注册资本 5% 的股权，每年按此分配润扬机械股份有限公司的净利润。

投资人（签章）华润股份有限公司　　　　接受投资人（签章）润扬机械股份有限公司

2011 年 8 月 5 日　　　　2011 年 8 月 5 日

表 8-5 进账单(收账通知)

中国工商银行江苏分行进账单(收账通知) 3

2011 年 08 月 05 日　　　　第　　号

<table>
<tr><td rowspan="3">付款人</td><td>全　称</td><td>华润股份有限公司</td><td rowspan="3">收款人</td><td>全　称</td><td colspan="10">润扬机械股份有限公司</td></tr>
<tr><td>账　号</td><td>11080202010019</td><td>账　号</td><td colspan="10">1108020209007654321</td></tr>
<tr><td>开户银行</td><td>中国工商银行扬州市支行城北分理处</td><td>开户银行</td><td colspan="10">中国工商银行扬州市支行城东分理处</td></tr>
<tr><td colspan="2" rowspan="2">人民币（大写）</td><td colspan="3" rowspan="2">壹佰万元整</td><td>千</td><td>百</td><td>十</td><td>万</td><td>千</td><td>百</td><td>十</td><td>元</td><td>角</td><td>分</td></tr>
<tr><td>¥</td><td>1</td><td>0</td><td>0</td><td>0</td><td>0</td><td>0</td><td>0</td><td>0</td><td>0</td></tr>
<tr><td colspan="2">票据种类</td><td>转账支票</td><td colspan="12" rowspan="3">中国工商银行扬州市支行城东分理处
20110805
转讫
(2)
收款人开户银行盖章</td></tr>
<tr><td colspan="2">票据张数</td><td>1</td></tr>
<tr><td colspan="3">单位主管　会计　复核 黄敏　记账</td></tr>
</table>

此联是收款人开户银行交给收款人的收账通知

表 8-6 江苏省统一发票

江苏省统一发票

发票联

（全国统一发票监制章 国家税务局监制）

发票代码:4567890123

发票号码:00534462

客户名称：华润股份有限公司　　2011 年 08 月 01 日

<table>
<tr><td rowspan="2">经营项目</td><td rowspan="2">计量单位</td><td rowspan="2">数量</td><td rowspan="2">单价</td><td colspan="9">金　额</td></tr>
<tr><td>百</td><td>十</td><td>万</td><td>千</td><td>百</td><td>十</td><td>元</td><td>角</td><td>分</td></tr>
<tr><td>长安面包车</td><td>辆</td><td>2</td><td>40 000</td><td></td><td></td><td>8</td><td>0</td><td>0</td><td>0</td><td>0</td><td>0</td><td>0</td></tr>
<tr><td></td><td></td><td></td><td></td><td></td><td></td><td></td><td></td><td></td><td></td><td></td><td></td><td></td></tr>
<tr><td></td><td></td><td></td><td></td><td></td><td></td><td></td><td></td><td></td><td></td><td></td><td></td><td></td></tr>
<tr><td colspan="4">合计人民币（大写）捌万元整</td><td>¥</td><td>8</td><td>0</td><td>0</td><td>0</td><td>0</td><td>0</td><td>0</td><td></td></tr>
</table>

第二联 发票联（报销凭证）

开票单位:(未盖章无效)（扬州长安汽车销售公司 6077175040 发票专用章）　　开票人：王林　　收款人：姚泓

表 8-7 固定资产验收交接单

固定资产验收交接单

2011 年 08 月 05 日

资产型号	资产名称	型号规格或结构面积	计量单位	数量	设备价值或造价	安装费用	附加费用	合计
	长安面包车		辆	2	80 000	/	/	80 000
资产来源		投资	耐用年限		10		主要附属设备	
制造厂名		重庆长安汽车公司	估计年限		10			
制造日期及编号		2010.9.1	基本折旧率		9.5%			
工程项目或使用部门		采购部	估计残值		4 000			

本单分送财务部门交接双方及上级资产管理部门

交验部门主管：周 珊　点交人：赵 华　接管部门主管：赵 志　接管人：吴 明

3. 8 月 20 日，润扬机械股份有限公司经股东大会决议，并经有关部门批准，用资本公积 4 000 000 元转增资本，转增比例为：润泽股份有限公司 60%、扬子股份有限公司 15%、华兴股份有限公司20%、华润有限公司 5%，见表 8-8。

表 8-8 资本公积转增资本方案表

润扬机械股份有限公司资本公积转增资本方案表

为增加公司资本实力，根据公司股东会【2011】10 号决议，公司决定用资本公积 4 000 000 元按原投资各方的投资比例转增资本，具体方案如下。

2011 年 08 月 20 日

项　目	金　额	项　目	金　额
转增资本总额	4 000 000.00	华兴股份有限公司	800 000.00
润泽股份有限公司	2 400 000.00	华润股份有限公司	200 000.00
扬子股份有限公司	600 000.00		注：股东会决议另附

4. 12 月 31 日，润扬机械股份有限公司 2011 年实现净利润 3 000 000 元，公司董事会提出当年利润分配方案，拟对当年实现的净利润进行分配，见表 8-9。

表 8-9 董事会利润分配方案

董事会利润分配方案

项　　目	提请批准的方案
提取法定盈余公积	300 000
提取任意盈余公积	450 000
分配现金股利	1 500 000
合　计	2 250 000

实验9　收入核算实验

一、实验目的

通过实验使学生理解收入的确认条件，掌握各种收入的计量、凭证手续及核算方法。

二、实验程序和要求

1. 根据原始凭证编制记账凭证。
2. 根据实验资料开设“主营业务收入”和“其他业务收入”明细账，登记本期发生额。
3. 根据记账凭证编制科目汇总表。
4. 根据科目汇总表定期登记总分类账。
5. 撰写实验报告。

三、实验资料

润扬机械股份有限公司2011年9月1日总账科目月初余额资料见表9-1。

表9-1　总账科目月初余额资料

总账科目	借方余额	贷方余额
银行存款	80 000 000.00	
应收账款	12 792 100.00	

润扬机械股份有限公司2011年9月发生以下经济业务：

1. 9月1日，收到上月托收货款，见表9-2。

表 9-2　托收承付凭证(收账通知)

电

托收承付凭证(收账通知)　4　托收号码:8800

委托日期 2011 年 08 月 25 日　　　　　　　　第 28 号

付款人	全　称	泰州市易讯公司	收款人	全　称	润扬机械股份有限公司
	账　号	3108030209007456236		账　号	1108020209007654321
	开户银行	中国交通银行泰州市支行高港分理处		开户银行	中国工商银行扬州市支行城东分理处

托收金额	人民币(大写) 壹佰贰拾柒万玖仟贰佰壹拾元整	千	百	十	万	千	百	十	元	角	分
		¥	1	2	7	9	2	1	0	0	0

附件	发货通知单		合同名称号码:201108025
附寄单证张数	3	商品通过公路运输	中国工商银行扬州市支行城东分理处 20110825 转讫 (2)
备注: 电划	款项收妥日期 2011 年 9 月 1 日		

此联是收款人开户银行给收款人的收账通知

2. 9 月 1 日,销售产品,收到货款,见表 9-3、表 9-4。

表 9-3　江苏增值税专用发票

江苏增值税专用发票

记　账　联

3200963256　　　　开票日期:2011 年 09 月 01 日　　　　№ 11446101

购货单位	名　　称:扬天公司 纳税人识别号:320054640801358 地 址 、电 话:扬州市开发路 362 号 开户行及账号:市工行新城办 1108020209007456232	密码区	

货物或应税劳务名称	规格型号	单位	数量	单价	金额	税率	税额
A 产品		件	800	100.00	80 000.00	17%	13 600.00
B 产品		件	2 000	75.00	150 000.00	17%	25 500.00
合　计					¥230 000.00		¥39 100.00
价税合计(大写)贰拾陆万玖仟壹佰元整					(小写) ¥269 100.00		

销货单位	名　　称:润扬机械股份有限公司 纳税人识别号:321812132062219 地 址 、电 话:扬州市江州路 101 号 开户行及账号:市工行城东办 1108020209007654321	备注	

润扬机械股份有限公司 45678108901 发票专用章

销售单位(章)　　收款人:黄　敏　　复核:吴　洁　　开票人:罗　静

第三联　记账联　销货方记账凭证

表 9-4　进账单（收账通知）

中国工商银行江苏分行**进账单**（收账通知）　3

2011 年 09 月 01 日　　　　第 1 号

付款人	全　称	扬天公司	收款人	全　称	润扬机械股份有限公司
	账　号	1108020209007456232		账　号	1108020209007654321
	开户银行	中国工商银行扬州市支行新城分理处		开户银行	中国工商银行扬州市支行城东分理处

人民币（大写）	千	百	十	万	千	百	十	元	角	分
贰拾陆万玖仟壹佰元整		¥	2	6	9	1	0	0	0	0

票据种类	转账支票
票据张数	1
单位主管　会计　复核　黄敏　记账	中国工商银行扬州市支行城东分理处 20110901 转讫 (2) 收款人开户银行盖章

此联是收款人开户银行交给收款人的收款通知

3. 9 月 8 日，销售产品，收到商业承兑汇票，见表 9-5、表 9-6。

表 9-5　江苏增值税专用发票

江苏增值税专用发票

记　账　联

（全国统一发票监制章 江苏 国家税务局监制）

3200963256　　　开票日期：2011 年 09 月 08 日　　　№ 11446102

购货单位	名　　称：上海市易讯公司 纳税人识别号：310113695827281 地 址 、电 话：上海市迎新路 363 号 开户行及账号：上海市工行闵行办 3108020209007456238	密码区

货物或应税劳务名称	规格型号	单位	数量	单价	金额	税率	税额
A 产品		件	2 000	98.00	196 000.00	17%	33 320.00
B 产品		件	6 000	76.00	456 000.00	17%	77 520.00
合　计					¥652 000.00		¥110 840.00

价税合计（大写）柒拾陆万贰仟捌佰肆拾元整　　　（小写）¥762 840.00

销货单位	名　　称：润扬机械股份有限公司 纳税人识别号：321812132062219 地 址 、电 话：扬州市江州路 101 号 开户行及账号：扬州市工行城东办 1108020209007654321	备注

（润扬机械股份有限公司 45678108901 发票专用章）

销售单位（章）　　收款人：黄　敏　　复核：吴　洁　　开票人：罗　静

第三联　记账联　销货方记账凭证

表 9-6　商业承兑汇票

商业承兑汇票　2

出票日期贰零壹壹年零玖月零捌日　　　　第90号

<table>
<tr><td rowspan="3">付款人</td><td>全　　称</td><td>上海市易讯公司</td><td rowspan="3">收款人</td><td>全　　称</td><td colspan="10">润扬机械股份有限公司</td></tr>
<tr><td>账　　号</td><td>31080202090007456238</td><td>账　　号</td><td colspan="10">11080202090007654321</td></tr>
<tr><td>开户银行</td><td>工行闵行办</td><td>开户银行</td><td colspan="10">中国工商银行扬州市城东分理处</td></tr>
<tr><td rowspan="2">汇票金额</td><td colspan="4" rowspan="2">人民币（大写）柒拾陆万贰仟捌佰肆拾元整</td><td>千</td><td>百</td><td>十</td><td>万</td><td>千</td><td>百</td><td>十</td><td>元</td><td>角</td><td>分</td></tr>
<tr><td></td><td>¥</td><td>7</td><td>6</td><td>2</td><td>8</td><td>4</td><td>0</td><td>0</td><td>0</td></tr>
<tr><td>汇票到期日</td><td colspan="2">2012 年 02 月 08 日</td><td rowspan="2">付款人开户行</td><td>行号</td><td colspan="10">2682</td></tr>
<tr><td>交易合同号码</td><td colspan="2">28968</td><td>地址</td><td colspan="10">上海市迎新路 363 号</td></tr>
<tr><td colspan="3">本汇票已经承兑，到期日无条件支付票款。
（印章：上海市易讯公司 财务专用章 456782）</td><td colspan="12">此致 本汇票请予以承兑，于到期日支付票款。
出票人签章
（印章：上海市易讯公司 业务专用章 1）</td></tr>
</table>

此联是持票人开户银行寄付款人开户银行作借款凭证附件

4．9 月 10 日，根据销售合同，预收部分货款，见表 9-7、表 9-8。

表 9-7　产品销售合同

产品销售合同

甲方：润扬机械股份有限公司

乙方：扬州市金方园公司

甲、乙双方经协商达成如下产品购销协议：

一、甲方向乙方出售 A 产品 8 000 件，不含税售价人民币柒拾陆万元整。

二、合同签订日，乙方向甲方预付不含税售价人民币 40% 的货款。

三、甲方在合同签订之日起 15 日内向乙方发货，乙方在甲方发货并验收后 3 日内支付价税余款。

四、双方约定价税款以转账支票方式结算。

甲方：法人代表及单位公章（印章：润扬机械股份有限公司 合同专用章）　　　　乙方：法人代表及单位公章（印章：扬州市金方园公司 合同专用章 1）

2011 年 9 月 10 日　　　　2011 年 9 月 10 日

表 9-8　进账单(收账通知)

中国工商银行江苏分行**进账单**(收账通知)　3

2011 年 09 月 10 日　　第 2 号

付款人	全称	扬州市金方园公司	收款人	全称	润扬机械股份有限公司
	账号	110802020900745623 9		账号	110802020900765432 1
	开户银行	中国工商银行扬州市支行新城分理处		开户银行	中国工商银行扬州市支行城东分理处
人民币(大写)		叁拾万零肆仟元整		千百十万千百十元角分	¥ 3 0 4 0 0 0 0 0
票据种类		转账支票			
票据张数		1			
单位主管　会计　复核　记账 黄敏				中国工商银行扬州市支行城东分理处 20110910 转讫 (2) 收款人开户银行盖章	

此联是收款人开户银行交给收款人的收款通知

5．9 月 15 日，销售产品，办妥托收手续，并代垫运费，见表 9-9～表 9-12。

表 9-9　江苏增值税专用发票

江苏增值税专用发票
记　账　联

3200963256　　开票日期：2011 年 09 月 15 日　　№ 11446103

购货单位	名称：泰州市易讯公司 纳税人识别号：310113695827212 地址、电话：泰州市高港路 125 号 开户行及账号：泰州市交行高港办 3108030209007456236				密码区			
货物或应税劳务名称	规格型号	单位	数量	单价	金额	税率	税额	
A 产品		件	6 000	98.00	588 000.00	17%	99 960.00	
B 产品		件	9 000	75.00	675 000.00	17%	114 750.00	
合计					¥1 263 000.00		¥214 710.00	
价税合计(大写)壹佰肆拾柒万柒仟柒佰壹拾元整					(小写) ¥1 477 710.00			
销货单位	名称：润扬机械股份有限公司 纳税人识别号：321812132062219 地址、电话：扬州市江州路 101 号 开户行及账号：扬州市工行城东办 1108020209007654321				备注			

销售单位(章)　　收款人：黄　敏　　复核：吴　洁　　开票人：罗　静

第三联　记账联　销货方记账凭证

表 9-10　转账支票存根

中国工商银行（苏）

转账支票存根

NO01640511

科　　目 ________

对方科目 ________

出票日期 2011. 09.15

收款人：扬州市迅达运输公司
金　额：￥1500.00
用　途：代垫运输费

单位主管 张康　　会计 姚远

复核 吴洁　　记账 黄敏

表 9-11　托收承付凭证(回单)

电

托收承付凭证（回单）　1　托收号码:7862

委托日期 2011 年 09 月 15 日　　第 3 号

付款人	全　称	泰州市易讯公司	收款人	全　称	润扬机械股份有限公司
	账　号	3108030209007456236		账　号	1108020209007654321
	开户银行	中国交通银行泰州市支行高港分理处		开户银行	中国工商银行扬州市支行城东分理处
托收金额	人民币(大写)壹佰肆拾柒万玖仟贰佰壹拾元整				
附件	发货通知单			合同名称号码：201109025	
附寄单证张数	3	商品通过公路运输		中国工商银行扬州市支行城东分理处 回单 (2)	
备注：电划	款项收妥日期　年　月　日				

千	百	十	万	千	百	十	元	角	分
￥	1	4	7	9	2	1	0	0	0

此联是收款人开户银行给收款人的回单

表 9-12　发货通知单

发货通知单

日期：2011－09－15

签发人	李林时	合同号	201109025
运输方式	汽运	采购单号	
运费处理方法	由供方代垫	到站	江苏泰州

销售部意见
同意发货

签名：黄子林
2011－09－15

发货完成情况
送货上门
发货员：陈森林

运输方式	送货	供方承担运费	/
		客户承担运费	√

备注

收货单位	泰州市易讯公司		
地　址	泰州市高港路 125 号		
联系人	刘青天	电话	0523－85263562
		传真	0523－85263562

货物名称	规格	数量	单位	单价	合计
A 产品		6 000	件	98.00	588 000.00
B 产品		9 000	件	75.00	675 000.00
合计					¥1 263 000.00

仓库提货情况
已提货
陈森林
2011－09－15

6. 9月18日,赊销,产品已经发出,见表9-13、表9-14。

表9-13 江苏增值税专用发票

江苏增值税专用发票

记 账 联

3200963256　　开票日期:2011年09月18日　　№ 11446104

购货单位	名　　称:扬州市信义有限责任公司 纳税人识别号:310113695827222 地 址、电 话:扬州市通港路128号 开户行及账号:市中行通港办3108030209007456295					密码区		
货物或应税劳务名称	规格型号	单位	数量	单价	金额	税率	税额	
A产品		件	6 000	98.00	588 000.00	17%	99 960.00	
B产品		件	9 000	75.00	675 000.00	17%	114 750.00	
合　计					¥1 263 000.00		¥214 710.00	
价税合计(大写)壹佰肆拾柒万柒仟柒佰壹拾元整					(小写)¥1 477 710.00			
销货单位	名　　称:润扬机械股份有限公司 纳税人识别号:321812132062219 地 址、电 话:扬州市江州路101号 开户行及账号:市工行城东办1108020209007654321					备注		

第三联 记账联 销货方记账凭证

销售单位(章)　　收款人:黄　敏　　复核:吴　洁　　开票人:罗　静

表9-14 商业信用凭证

商业信用凭证

信用种类	赊销	付款单位	全　称	扬州市信义有限责任公司
信用条件	2/10,1/20,n/30		账　号	3108030209007456295
信用金额	¥1 477 710.00		开户行	市中行通港办
金额大写:人民币(大写)壹佰肆拾柒万玖仟贰佰壹拾元整				

会计主管:张　康　　购货单位经办人:张家义

7. 9月25日，发出已预收款产品，见表9-15。

表9-15　江苏增值税专用发票

江苏增值税专用发票

记　账　联

3200963256　　开票日期：2011年09月25日　　№ 11446105

<table>
<tr><td rowspan="4">购货单位</td><td colspan="7">名　　　　称：扬州市金方园公司</td><td rowspan="4">密码区</td><td rowspan="4"></td></tr>
<tr><td colspan="7">纳税人识别号：310113695827333</td></tr>
<tr><td colspan="7">地 址 、电 话：扬州市柏林路128号</td></tr>
<tr><td colspan="7">开户行及账号：市工行新城办 1108020209007456239</td></tr>
<tr><td colspan="2">货物或应税劳务名称</td><td>规格型号</td><td>单位</td><td>数量</td><td>单价</td><td colspan="2">金额</td><td>税率</td><td>税额</td></tr>
<tr><td colspan="2">A产品</td><td></td><td>件</td><td>8 000</td><td>95.00</td><td colspan="2">760 000.00</td><td>17%</td><td>129 200.00</td></tr>
<tr><td colspan="2">合　计</td><td></td><td></td><td></td><td></td><td colspan="2">¥760 000.00</td><td></td><td>¥129 200.00</td></tr>
<tr><td colspan="7">价税合计（大写）捌拾捌万玖仟贰佰元整</td><td colspan="3">（小写）¥889 200.00</td></tr>
<tr><td rowspan="4">销货单位</td><td colspan="7">名　　　　称：润扬机械股份有限公司</td><td rowspan="4">备注</td><td rowspan="4"></td></tr>
<tr><td colspan="7">纳税人识别号：321812132062219</td></tr>
<tr><td colspan="7">地 址 、电 话：扬州市江州路101号</td></tr>
<tr><td colspan="7">开户行及账号：市工行城东办 1108020209007654321</td></tr>
</table>

第三联　记账联　销货方记账凭证

销售单位（章）　　收款人：黄　敏　　复核：吴　洁　　开票人：罗　静

8. 9月26日，与扬州市华联商贸公司签订委托代销协议，代销本公司B产品2 000件。货物已经发出，见表9-16。

表9-16　委托代销协议

委托代销协议

甲方：润扬机械股份有限公司

乙方：扬州市华联商贸公司

甲、乙双方经协商达成如下委托代销协议：

一、甲方委托乙方代销B产品2 000件，协议价每件人民币75元，乙方必须按协议价销售，并按协议价与甲方结算。

二、甲方收到乙方的代销清单时以协议价的5%与乙方结算代销手续费，并由乙方从结算货款中自行扣除。

三、乙方在提交代销清单之日起5日内向甲方支付剩余货款。

四、双方约定价税款以转账支票方式结算。

甲方：法人代表及单位公章　　　　乙方：法人代表及单位公章

2011年9月26日　　　　2011年9月26日

9. 9月26日,收到剩余款,见表9-17。

表9-17 进账单(收账通知)

中国工商银行江苏分行**进账单**(收账通知) 3

2011年09月28日 第4号

付款人	全称	扬州市金方圆公司	收款人	全称	润扬机械股份有限公司
	账号	1108020209007456239		账号	1108020209007654321
	开户银行	中国工商银行扬州市支行新城分理处		开户银行	中国工商银行扬州市支行城东分理处

人民币(大写)	千	百	十	万	千	百	十	元	角	分
伍拾捌万伍仟贰佰元整		¥	5	8	5	2	0	0	0	0

票据种类	转账支票	中国工商银行扬州市支行城东分理处 20110928 转讫 (2)
票据张数	1	
单位主管 会计 复核 记账 黄敏		收款人开户银行盖章

此联是收款人开户银行交给收款人的收款通知

10. 9月30日,销售多余甲材料,收到货款,见表9-18、表9-19。

表9-18 江苏增值税专用发票

江苏增值税专用发票

记 账 联

3200963256 开票日期:2011年09月30日 № 11446106

购货单位	名称:扬天公司 纳税人识别号:320054640801358 地址、电话:扬州市开发路362号 开户行及账号:市工行新城办1108020209007456232	密码区

货物或应税劳务名称	规格型号	单位	数量	单价	金额	税率	税额
甲材料		kg	12 850	25.00	321 250.00	17%	54 612.50
合计					¥321 250.00		¥546 120.50
价税合计(大写)叁拾柒万伍仟捌佰陆拾贰元伍角整					(小写) ¥375 862.50		

销货单位	名称:润扬机械股份有限公司 纳税人识别号:321812132062219 地址、电话:扬州市江州路101号 开户行及账号:市工行城东办1108020209007654321	备注

销售单位(章) 收款人:黄敏 复核:吴洁 开票人:罗静

第三联 记账联 销货方记账凭证

表 9-19 进账单（收账通知）

中国工商银行江苏分行进账单（收账通知） 3

2011 年 09 月 30 日　　　　第 5 号

<table>
<tr><td rowspan="3">付款人</td><td>全　称</td><td>扬天公司</td><td rowspan="3">收款人</td><td>全　称</td><td colspan="10">润扬机械股份有限公司</td></tr>
<tr><td>账　号</td><td>1108020209007456232</td><td>账　号</td><td colspan="10">1108020209007654321</td></tr>
<tr><td>开户银行</td><td>中国工商银行扬州市支行新城分理处</td><td>开户银行</td><td colspan="10">中国工商银行扬州市支行城东分理处</td></tr>
<tr><td colspan="2" rowspan="2">人民币（大写）</td><td colspan="3" rowspan="2">叁拾柒万伍仟捌佰陆拾贰元伍角整</td><td>千</td><td>百</td><td>十</td><td>万</td><td>千</td><td>百</td><td>十</td><td>元</td><td>角</td><td>分</td></tr>
<tr><td></td><td>¥</td><td>3</td><td>7</td><td>5</td><td>8</td><td>6</td><td>2</td><td>5</td><td>0</td></tr>
<tr><td colspan="2">票据种类</td><td>转账支票</td><td colspan="12" rowspan="3">中国工商银行扬州市支行城东分理处
20110930
转讫
(2)
收款人开户银行盖章</td></tr>
<tr><td colspan="2">票据张数</td><td>1</td></tr>
<tr><td colspan="3">单位主管　会计　复核　黄敏　记账</td></tr>
</table>

此联是收款人开户银行交给收款人的收款通知

实验10　费用核算实验

一、实验目的

通过实验使学生熟悉费用的组成内容及核算方法，掌握主营业务成本、其他业务成本、营业税金及附加和期间费用等费用的核算凭证手续。

二、实验程序和要求

1. 根据原始凭证编制记账凭证。

2. 根据实验资料开设“主营业务成本”、“其他业务成本”、“营业税金及附加”、“管理费用”、“销售费用”和“财务费用”明细账，登记本期发生额。

3. 根据科目汇总表定期登记总分类账。

4. 撰写实验报告。

三、实验资料

润扬机械股份有限公司2011年10月1日总账科目月初余额资料见表10-1。

表10-1　总账科目月初余额资料

总账科目	借方余额	贷方余额
库存现金	3 000.00	
银行存款	2 500 000.00	
其他应收款	3 000.00	
库存商品	122 000.00	
固定资产	3 000 000.00	
累计折旧		6 000 000.00
应交税费		82 049.00

润扬机械股份有限公司2011年10月发生以下经济业务：

1. 10月8日，以库存现金800元购买办公用品，交公司财务部门使用，见表10-2。

表 10-2　江苏省统一发票

江苏省统一发票
发　票　联

发票代码：1234567890
发票号码：0015645088

客户名称：润扬机械股份有限公司　　　　2011 年 10 月 08 日

经营项目	计量单位	数量	单价	金额								
				百	十	万	千	百	十	元	角	分
记账凭证	本	100	8					8	0	0	0	0
合计人民币(大写) 捌佰元整							¥	8	0	0	0	0

现金付讫

扬州市文具有限责任公司 45678100023 发票专用章

开票单位：(未盖章无效)　　　开票人：刘　瑾　　收款人：郝　帅

2. 10 月 15 日，以银行存款缴纳增值税、城市维护建设税和教育费附加，见表 10-3、表 10-4。

表 10-3　税收电子缴库凭证

扬州市税收电子缴库凭证　（国）

流水号：398427　　　　缴款日期：20111015

缴款人	全　称	润扬机械股份有限公司	收缴国库	扬州市广陵区金库
	账　号	1108020209007654321	国库开户行	人民银行
	开户行	中国工商银行扬州市支行城东分理处	征收单位	扬州市国家税务局城东分局
金额	人民币(大写)柒万肆仟伍佰玖拾元整		¥74 590.00	
内容	预算收入		备注	预算收入

管理码：321001755898026　电子税票号：320011006831424110

税种	级次	所属时期	限缴期限	纳税金额
增值税	中央 75% 地方 25%	2011/10/012011/10/31	20111115	74 590.00

上述款项已扣缴

工商银行扬州支行（银行盖章）20111015 001176 业务讫章

客户回单联

打印日期：20111015

表 10-4　税收电子缴款凭证

扬州市地方税务局 税收(基金、费)电子缴款凭证		
缴款日期：20111015	机制票号：102011080184259016	
缴款人名称：润扬机械股份有限公司		
缴款人开户银行：07240		
缴款人银行账号：110802020900765432 1		
税收(基金、费)种类	税款(基金、费)所属时期	金额
城市维护建设税	2011100120111031	5 221.30
教育费附加	2011100120111031	2 237.70
小计	¥7 459.00	
开票银行(盖章)：	打印日期：20111015	

3. 10月16日，黄平出差归来，报销差旅费2 500元，交回库存现金500元，结清预借款，见表10-5。

表 10-5　出差报销单

润扬机械股份有限公司出差报销单

2011年10月16日

姓　　名	黄　平	工作部门	财务科	出差日期	10月10日～13日
出差事由	参加会议	出差地点	深圳	往返天数	4天
发生费用	交通费	住宿费	伙食补贴	其　他	合　　计
	1 500.00	700.00	200.00	100.00	2 500.00
合　　计	1 500.00	700.00	200.00	100.00	2 500.00
	人民币(大写)贰仟伍佰元整				
预借金额	3 000.00	应退金额	500.00	应补金额	

批准人：刘　华　　审核人：吴　洁　　部门主管：张　康　　出差人：黄　平

4. 10月18日，购买印花税票，用现金支付580元票款，见表10-6。

表10-6　印花税票销售凭证

中华人民共和国
印花税票销售凭证

(2011)苏地印№.2125888

填发日期2011年10月18日

印花税票面值种类	单位	数量	税额								
			百	十	万	千	百	十	元	角	分
壹角	枚										
贰角	枚										
伍角	枚										
壹元	枚										
贰元	枚										
伍元	枚	8						4	0	0	0
壹拾元	枚	4						4	0	0	0
伍拾元	枚	10					5	0	0	0	0
壹佰元	枚										
合计人民币(大写)伍佰捌拾元整						¥	5	8	0	0	0

现金付讫

扬州市地方税务局 业务专用章

经办单位章：(未盖章无效)　　　　经办人：郝林

5. 10月18日，以转账支票支付产品广告费1 500元，见表10-7、表10-8。

表10-7　转账支票存根

中国工商银行　(苏)

转账支票存根
NO01640509

科　　目 ________

对方科目 ________

出票日期 2011.10.18

收款人：扬州市天一广告公司	
金　额：¥1500.00	
用　途：支付广告费	

单位主管 张康　　会计 姚遥

复核 吴洁　　记账 黄敏

表 10-8　江苏省统一发票

江苏省统一发票

发票联

发票代码:1234567890

发票号码:0012845095

客户名称：润扬机械股份有限公司　　2011 年 10 月 18 日

经营项目	计量单位	数量	单价	金额								
				百	十	万	千	百	十	元	角	分
产品促销广告费							1	5	0	0	0	0
合计人民币（大写）壹仟伍佰元整						¥	1	5	0	0	0	0

第二联　发票联（报销凭证）

开票单位：（未盖章无效）　　开票人：王　瑾　　收款人：丁　帅

6. 10 月 20 日，以转账支票支付业务招待费 1 800 元，见表 10-9 ~ 表 10-11。

表 10-9　费用报销单

费用报销单

填报日期：2011 年 10 月 20 日

部门	总经理办公室	姓名	张小俊
报销事由	到扬州市国际大酒店宴请上级领导		
报销单据 1张　合计金额（大写）壹仟捌佰元整　¥1 800.00			
单位主管	马　林	部门主管	张　平

会计主管 张　康　　审核 吴　洁　　出纳 黄　敏　　填报人 张　俊

表 10-10　转账支票存根

中国工商银行　（苏）

转账支票存根
NO01640509

科　　目 ________

对方科目 ________

出票日期 2011. 10. 20

收款人：扬州市国际大酒店
金　额：￥1 800.00
用　途：支付招待费

单位主管 张康　　会计 姚远

复核 吴洁　　记账 黄敏

表 10-11　发　票

盖章与注册名称不符无效
除顾客名称外手工填写无效

全国统一发票监制章
江苏省扬州市
地方税务局监制

No：苏 K0190123456

顾客名称：

开票日期：2011. 10. 20

发票号码：2548951

开票单位：扬州市国际大酒店

税号：4501123456780

收款机号：0123456

餐饮费：1 800.00 元

扬州市国际大酒店
8501123456744
发票专用章

合计 ￥1 800.00

人民币 壹仟捌佰元整

7. 10 月 23 日,收到中国工商银行通知,支付银行结算邮费 15 元和电汇费 20 元、手续费 300 元,见表 10-12。

表 10-12　邮、电、手续费收费凭证(付出传票)

中国工商银行扬州市
邮、电、手续费收费凭证(付出传票)

2011 年 10 月 23 日

缴款单位名称:润扬机械股份有限公司	账号:1108020209007654321	信汇笔数 1 笔 电汇笔数 8 笔 异地托收笔数 16 笔

邮费金额					电汇费金额					手续费金额					合计金额				
百	十	元	角	分	百	十	元	角	分	百	十	元	角	分	百	十	元	角	分
	1	5	0	0		2	0	0	0	3	0	0	0	0	3	3	5	0	0

合计金额人民币(大写)叁佰叁拾伍元整

中国工商银行扬州市支行
城东分理处
20111023
转讫
(2)

收款银行盖章
年　月　日

8. 10 月 31 日,计提本月经营租出固定资产应计提的折旧(成本模式),见表 10-13。

表 10-13　固定资产折旧计提表

固定资产折旧计提表

2011 年 10 月 31 日

固定资产类别		固定资产原值(元)	月折旧率(‰)	月折旧额(元)
经营租出	房屋	900 000.00	4	3 600.00
	合计	900 000.00		3 600.00

9. 10 月 31 日,本月经营租出固定资产(房屋)取得租金收入 80 000 元,计算本月经营租出固定资产(房屋)应交的营业税、城市维护建设税和教育费附加,见表 10-14、表 10-15。

表 10-14　营业税纳税申报表

营业税纳税申报表

申报日期:2011 年 10 月 31 日　　　　金额单位:元(列至角分)

纳税人申报码	21333686－1						开户银行		工商银行城东办			
纳税人名称(公章)	润扬机械股份有限公司						银行账号		1108020209007654321			
税款所属期	自 2011 年 10 月 01 日至 2011 年 10 月 31 日						税款征收方式		自报 √　扣缴 □　其他____			
税目	税目代码	应税收入	扣除项目金额	营业额	免(减)税营业额	税率(%)	本期应纳税额	免(减)税额	前期多缴税额	本期已被扣缴(代征)税额	本期缓缴税额	本期实缴税额
①	②	③	④	⑤＝③－④	⑥	⑦	⑧＝(⑤－⑥)×⑦	⑨＝⑥×⑦	⑩	⑪	⑫	⑬＝⑧－⑩－⑪－⑫
交通运输业	2 100											
建筑业	2 200											
金融保险业	2 300											
邮电通信业	2 400											
其中:邮政业	2 401											
电信业	2 402											
文化体育业	2 500											
其中:文化业	2 501											
体育业	2 502											
娱乐业 20%	2 600											
娱乐业 5%												
服务业	2 700	80 000	0	80 000	0	5	4 000.00					

润扬机械股份有限公司 45678103456 财务专用章

续表

纳税人申报码	21333686－1	开户银行	工商银行城东办
纳税人名称（公章）	淮扬机械股份有限公司	银行账号	1108020209007654321
税款所属期	自2011年10月01日至2011年10月31日	税款征收方式	自报 √ 扣缴 □ 其他＿＿＿

税目	税目代码	应税收入	扣除项目金额	营业额	免（减）税营业额	税率（%）	本期应纳税额	免（减）税额	前期多缴税额	本期已被扣缴（代征）税额	本期缓缴税额	本期实缴税额
①	②	③	④	⑤＝③－④	⑥	⑦	⑧＝（⑤－⑥）×⑦	⑨＝⑥×⑦	⑩	⑪	⑫	⑬＝⑧－⑩－⑪－⑫
转让无形资产	2 800											
其中：转让土地使用权	2 801											
转让经济权益	2 802											
销售不动产	2 900											
总　计		80 000	0	80 000	0	5	4 000.00					

纳税人或代理人声明：此纳税申报表是根据国家税收法律的规定填报的，我确定它是真实的、可靠的、完整的。	如纳税人填报，由纳税人填写以下各栏：						
	办税人员（签章）	张康	财务负责人（签章）	骆辉	法定代表人（签章）	王美林	联系电话 051487991530
	如委托代理人填报，由代理人填写以下各栏：						
	代理人名称		经办人（签章）		联系电话		代理人（公章）

说明：选择税款征收方式时，纳税人只能任选一项打“√”，或者在“其他”内填写一种税款征收方式。

以下由税务机关填写：

受理人：　　　　受理日期：　　年　　月　　日　　　　受理税务机关（签章）：

本表一式三份，一份纳税人留存，一份主管税务机关留存，一份征收部门留存。

表 10-15　城市维护建设税和教育费附加计算表

城市维护建设税和教育费附加计算表

2011 年 10 月 31 日

项　　目	金　　额
当期应交营业税额	4 000.00
应交纳城市维护建设税额	280.00
应交纳教育费附加	120.00
合计	4 400.00

10. 10 月 31 日,根据本月应缴增值税额计算本月应交城市维护建设税和教育费附加,见表 10-16。

表 10-16　城市维护建设税和教育费附加计算表

城市维护建设税和教育费附加计算表

2011 年 10 月 31 日

项　　目	金　　额
当期销售额	8 000 000.00
当期销项税额	1 360 000.00
当期进项税额	996 000.00
应纳增值税额	364 000.00
应交纳城市维护建设税额	25 480.00
应交纳教育费附加	10 920.00

11. 2011 年 1 月 1 日,借入流动资金借款 100 000 元,年利率 6%,期限 1 年。10 月 31 日,计提本月流动资金借款利息,见表 10-17。

表 10-17　利息费用计算表

利息费用计算表

2011 年 10 月 31 日

费用种类	会计科目		计算过程	金　额
	总账科目	明细账科目		
流动资金借款（年利率 6%）	财务费用	利息	100 000 × 6% ÷ 12	500.00

12. 10 月 31 日,分配本月制造费用,见表 10-18。

表 10-18　制造费用分配表

制造费用分配表

2011 年 10 月 31 日

产品名称	分配标准(生产工人工资)	分配率	分配金额
甲产品	300 000		297 000
乙产品	400 000		396 000
合 计	700 000	0.99	693 000

会计主管 张 康　　复核(签章) 吴 洁　　制表(签章) 姚 远

13. 10 月 31 日,计算本月完工产品成本,见表 10-19。

表 10-19　完工产品成本计算表

完工产品成本计算表

2011 年 10 月 31 日

成本项目	甲产品(20 000 件)		乙产品(40 000 件)	
	总成本	单位成本	总成本	单位成本
直接材料	742 000	37.10	756 000	18.90
直接人工	300 000	15.00	400 000	10.00
制造费用	297 000	14.85	396 000	9.90
合 计	1 339 000	66.95	1 552 000	38.80

会计主管 张 康　　复核(签章) 吴 洁　　制表(签章) 姚 远

14. 10 月 31 日,采用月末一次加权平均法,结转本月已销产品成本,见表 10-20 ~ 表 10-24。

表 10-20　产品出库单 1

产品出库单　№ 1111001

提货部门销售部　　　　2011 年 10 月 08 日

产品			单位	数量	单价	成本总额								产品明细账		说明
编号	名称	规格				十	万	千	百	十	元	角	分	号	页	
	A 产品		件	2 000												
	B 产品		件	8 000												

第三联　会计

部门主管　　会计　　记账　　保管 刘伟　　提货人 王常富　　制单 张一天

表 10-21　产品出库单 2

产品出库单　№ 1111002

提货部门销售部　　　　2011 年 10 月 15 日

产品			单位	数量	单价	成本总额								产品明细账		说明
编号	名称	规格				十	万	千	百	十	元	角	分	号	页	
	A 产品		件	3 500												
	B 产品		件	7 000												

第三联　会计

部门主管　　会计　　记账　　保管 刘伟　　提货人 王常富　　制单 张一天

表 10-22　产品出库单 3

产品出库单　№ 1111003

提货部门 销售部　　　　2011 年 10 月 22 日

产品			单位	数量	单价	成本总额								产品明细账		说明
编号	名称	规格				十	万	千	百	十	元	角	分	号	页	
	A 产品		件	4 500												
	B 产品		件	10 000												

第三联 会计

部门主管　　会计　　记账　　保管 刘 伟　　提货人 王常富　　制单 张一天

表 10-23　产品出库单 4

产品出库单　№ 1111004

提货部门 销售部　　　　2011 年 10 月 25 日

产品			单位	数量	单价	成本总额								产品明细账		说明
编号	名称	规格				十	万	千	百	十	元	角	分	号	页	
	A 产品		件	9 800												
	B 产品		件	13 000												

第三联 会计

部门主管　　会计　　记账　　保管 刘 伟　　提货人 王常富　　制单 张一天

表 10-24　产成品收、发、存月报表

产成品收、发、存月报表

2011 年 10 月 31 日

产品名称	计量单位	期初余额			本期完工			本期销售			期末余额		
		数量	单位成本	金额	数量	单位成本	金额	数量	单位成本	金额	数量	单位成本	金额
A 产品	件	1 000	68.00	68 000.00	20 000	66.95	1 339 000.00	19 800	67.00	1 326 600.00	1 200	67.00	80 400.00
B 产品	件	1 500	36.00	54 000.00	40 000	38.80	1 552 000.00	38 000	38.698 8	1 470 554.20	3 500	38.698 8	135 445.80
合　计				122 000.00			2 891 000.00			2 797 154.20			215 845.80

注：因小数点保留引起的误差计入已销产品成本。

实验 11　利润核算实验

一、实验目的

通过实验使学生熟悉利润的形成过程,掌握“营业外收入”、“营业外支出”等账户核算的凭证手续。

二、实验程序和要求

1. 根据原始凭证编制记账凭证。

2. 开设“营业外收入”、“营业外支出”、“本年利润”明细账,并登记期初余额或本期发生额。

3. 根据记账凭证编制科目汇总表。

4. 根据科目汇总表定期登记总分类账。

5. 撰写实验报告。

三、实验资料

润扬机械股份有限公司 2011 年 11 月 1 日总账科目月初余额资料见表 11-1。

表 11-1　总账科目月初余额资料

总账科目	借方余额	贷方余额
库存现金	50 000.00	
银行存款	80 000 000.00	
本年利润		9 046 390.00

润扬机械股份有限公司 2011 年 11 月发生以下经济业务:

1. 11 月 1 日,接受捐赠,见表 11-2 ~ 表 11-4。

表 11-2　捐赠协议书

捐赠协议书

2011 年 11 月 01 日

捐赠单位	扬州市金方园公司	接受单位	润扬机械股份有限公司
账号或地址	1108020209007456239	账号或地址	1108020209007654321
开户银行	中国工商银行扬州市新城分理处	开户银行	中国工商银行扬州市城东分理处
捐赠金额	人民币(大写):贰拾叁万肆仟元整		
协议条款	经双方友好协商达成如下协议: 1. 建立互惠互利机制。 2. 双方沟通信息,开拓市场。 3. 扬州市金方园公司愿意无偿捐赠所产电脑产品 20 台,用于支持润扬机械股份有限公司提高产品质量。 捐赠代表签字:法人代表及单位公章 (扬州市金方园公司 1 合同专用章)　　接受代表签字:法人代表及单位公章 (润扬机械股份有限公司 1 合同专用章) 2011 年 11 月 5 日　　2011 年 11 月 5 日		

表 11-3　固定资产验收单

固定资产验收单

2011 年 11 月 01 日

名称	单位	数量	价格	预计使用年限	使用部门
电脑	台	20	200 000.00	10 年	厂部办公室
备注	接受捐赠				

制单:王　森　　　　审核:吴　洁

表 11-4　江苏增值税专用发票

江苏增值税专用发票

发　票　联

3200963258　　开票日期：2011 年 11 月 01 日　　№ 00289885

购货单位	名　　　称：润扬机械股份有限公司 纳税人识别号：321812132062219 地 址 、电 话：扬州市江州路 101 号 开户行及账号：市工行城东办 1108020209007654321				密码区		
货物或应税劳务名称	规格型号	单位	数量	单价	金额	税率	税额
电脑		台	20	10 000.00	200 000.00	17%	34 000.00
合　计					¥200 000.00		¥34 000.00
价税合计(大写)贰拾叁万肆仟元整					(小写) ¥234 000.00		
销货单位	名　　　称：扬州市金方园公司 纳税人识别号：310113695827333 地　址、电话：扬州市柏林路 128 号 开户行及账号：市工行新城办 1108020209007456239				备注		

销售单位(章)　　收款人：张　云　　复核：李　平　　开票人：李　民

第二联　发票联　购货方记账凭证

2. 11 月 8 日，出售生产车间旧机床一台，见表 11-5～表 11-8。

表 11-5　固定资产出售调拨单

固定资产出售调拨单

调出单位：润扬机械股份有限公司

调入单位：扬州市汽车修理厂　　2011 年 11 月 08 日　　调拨单号:1101

调拨资产名称		有　偿							
固定资产名称	规格及型号	单位	数量	预计使用年限	已使用年限	原　值	已提折旧	净　值	协商价格
机床	C620	台	1	10 年	2 年	80 000.00	38 400.00	41 600.00	45 000.00

调出单位		调入单位		备注：
公章： 财务： 经办：	润扬机械股份有限公司 456781 财务专用章	公章： 财务： 经办：	扬州市汽车修理厂 456788 财务专用章	

会计主管：张　康　　稽核：吴　洁　　制单：罗　静

表 11-6　江苏增值税专用发票

江苏增值税专用发票

记　账　联

3200963256　　开票日期：2011 年 11 月 08 日　　№. 11448102

购货单位	名　　称：扬州市汽车修理厂 纳税人识别号：310113695827666 地 址 、电 话：扬州市柏林路 133 号 开户行及账号：市工行新城办 1108020209007456239					密码区		
货物或应税劳务名称	规格型号	单位	数量	单价	金　额	税率	税　额	
机床		台	1	45 000.00	45 000.00	17%	7 650.00	
合　计					¥45 000.00		¥7 650.00	
价税合计(大写)伍万贰仟陆佰伍拾元整					(小写) ¥52 650.00			
销货单位	名　　称：润扬机械股份有限公司 纳税人识别号：321812132062219 地 址 、电 话：扬州市江州路 101 号 开户行及账号：市工行城东办 1108020209007654321					备注		

第三联　记账联　销货方记账凭证

销售单位(章)　　收款人：黄　敏　　复核：吴　洁　　开票人：罗　静

表 11-7　江苏省统一发票

江苏省统一发票

发　票　联

发票代码：1234567898
发票号码：0012345022

客户名称：润扬机械股份有限公司　　2011 年 11 月 08 日

经营项目	计量单位	数量	单价	金额								
				百	十	万	千	百	十	元	角	分
清理费								5	2	0	0	0
合计人民币(大写)伍佰贰拾元整							¥	5	2	0	0	0

现金付讫

第二联　发票联(报销凭证)

开票单位：(未盖章无效)　　开票人：刘　林　　收款人：郝　津

表 11-8　进账单(收账通知)

中国工商银行江苏分行进账单(收账通知)　3

2011 年 11 月 08 日　　　　第 3 号

付款人	全　称	扬州市汽车修理厂	收款人	全　称	润扬机械股份有限公司
	账　号	1108020209007456239		账　号	1108020209007654321
	开户银行	中国工商银行扬州市支行新城分理处		开户银行	中国工商银行扬州市支行城东分理处

人民币(大写)	伍万贰仟陆佰伍拾元整	千	百	十	万	千	百	十	元	角	分
				¥	5	2	6	5	0	0	0

票据种类	转账支票	中国工商银行扬州市支行城东分理处 20111108 转讫 (2)
票据张数	1	
单位主管　会计　复核 黄敏　记账		收款人开户银行盖章

此联是收款人开户银行交给收款人的收款通知

3. 11 月 15 日,职工李天一因违章操作罚款 100 元,见表 11-9。

表 11-9　企业单位统一收据

扬州市企业单位统一收据

2011 年 11 月 15 日

交款单位　李天一

人民币(大写)　壹佰元整　　　¥ 100.00

系　付　违章操作罚款　　　现金付讫

现金	√
支票	
付委	

润扬机械股份有限公司 456781 财务专用章

收款单位(盖章有效)　　会计 姚远　　经手人 赵一洋

③ 记账联

4. 11 月 28 日，进行财产清查，盘亏甲材料，原因待查，见表 11-10。

表 11-10　财产物资盘点报告单

财产物资盘点报告单

类别：存货　　　　2011 年 11 月 28 日

名称	规格	单位	单价	账面数		盘点数		盘盈		盘亏		备　注
				数量	金额	数量	金额	数量	金额	数量	金额	
甲材料		公斤	20	565	11 300	525	10 500			40	800	成本差异 +40.00
合　计		公斤	20	565	11 300	525	10 500			40	800	

原因分析：待查。

审批意见：先作待处理。

（印章：456781 财务专用章）

单位盖章：　　会计主管：张　康　　制表：姚　远

5. 11 月 30 日，查明原因，处理材料盘亏，见表 11-11。

表 11-11　财产物资盘点报告单

财产物资盘点报告单

类别：存货　　　　2011 年 11 月 30 日

名称	规格	单位	单价	账面数		盘点数		盘盈		盘亏		备　注
				数量	金额	数量	金额	数量	金额	数量	金额	
甲材料		公斤	20	565	11 300	525	10 500			40	800	成本差异 +40.00
合　计		公斤	20	565	11 300	525	10 500			40	800	

原因分析：盘亏 40 公斤甲材料属于台风造成的损失。

审批意见：台风造成的损失由企业承担。

王　琴

2011 年 11 月 30 日

（印章：456781 财务专用章）

单位盖章：　　会计主管：张　康　　制表：姚　远

6. 11 月 30 日,计提坏账准备(按应收账款、其他应收款账户的期末余额的 5‰计提),见表 11-12。

表 11-12　坏账准备提取计算表

坏账准备提取计算表

2011 年 11 月 30 日

账户名称	期末余额	坏账提取率(‰)	应提取额	坏账准备余额	实际提取额
应收账款	2 500 000.00	5	12 500.00	10 000.00	2 500.00
其他应收款	500 000.00	5	2 500.00	500.00	2 000.00
合　计	3 000 000.00		15 000.00	10 500.00	4 500.00

7. 11 月 30 日,月末调整交易性金融资产成本与公允价值的差额,见表 11-13。

表 11-13　交易性金融资产成本与公允价值比较表

交易性金融资产成本与公允价值比较表

2011 年 11 月 30 日

种　类	成本价	公允价值	变动损益
大连国际	119 800.00	119 200.00	-600.00
贵糖股份	210 000.00	211 000.00	1 000.00
宋城股份	750 000.00	767 000.00	17 000.00
锦江股份	1 050 000.00	1 050 000.00	0
合　计	2 129 800.00	2 147 200.00	17 400.00

8. 11 月 30 日,将本月损益类账户发生额全部结转"本年利润",见表 11-14。

表 11-14　损益类账户发生额汇总表

损益类账户发生额汇总表

年　月

收入类账户	本月发生额	支出类账户	本月发生额
主营业务收入	5 431 000.55	主营业务成本	4 730 000.37
其他业务收入	200 000.26	其他业务成本	151 000.45
投资收益	990 000.38	营业税金及附加	78 400.11
公允价值变动损益	17 400.00	销售费用	25 000.26
营业外收入	236 980.00	管理费用	750 500.78
		财务费用	130 500.22
		资产减值损失	4 500.00
		营业外支出	840.00

实验 12　财务报告核算实验

一、实验目的

通过实验使学生掌握资产负债表、利润表等主要报表的编制原则、依据、要求和方法。

二、实验程序和要求

1. 根据实验资料开设日记账、明细账和总账。
2. 根据 12 月份发生的经济业务编制记账凭证。
3. 根据记账凭证编制科目汇总表。
4. 根据科目汇总表定期登记总分类账。
5. 根据账簿记录编制资产负债表、利润表。
6. 撰写实验报告。

三、实验资料

润扬机械股份有限公司 2011 年年初、1～11 月份的发生额及期末余额资料见表 12-1。

表 12-1　2011 年年初、1～11 月份发生额及期末余额资料

账户名称	2011 年年初数据		2011 年 1～11 月累计发生额	
	借方	贷方	借方	贷方
库存现金	49 000		1 743 610	1 785 520
银行存款	13 083 605		11 309 441	10 545 425
其他货币资金	1 170 000		16 720 000	16 720 000
交易性金融资产	150 000		546 700	440 000
应收票据	2 460 000		31 665 315	29 260 000
应收账款	1 564 905		27 892 095	28 457 000
预付账款	1 000 000			
应收股利			223 300	223 300
其他应收款	3 050 000		5 885 000	770 000
材料采购			13 288 000	11 088 000
原材料	6 839 291		16 891 765	14 573 856
材料成本差异	504 230		393 470	361 240

续表

账户名称	2011年年初数据		2011年1~11月累计发生额	
	借方	贷方	借方	贷方
库存商品	17 812 549		37 840 000	35 640 000
发出商品			8 441 400	8 441 400
周转材料	782 200		1 771 000	1 971 200
长期股权投资	2 500 000			
固定资产	11 500 000			2 200 000
累计折旧		3 500 000	501 875	987 030
固定资产减值准备				
在建工程	14 000 000			
固定资产清理			880 000	880 000
无形资产	11 538 220			72 600
累计摊销		600 000		6 050 000
待处理财产损溢			1 650 000	1 650 000
短期借款		3 000 000	5 940 000	5 500 000
应付票据		2 000 000	1 320 000	3 300 000
应付账款		9 494 000	12 100 000	10 753 600
预收账款		354 000	1 650 000	1 320 000
应付职工薪酬		200 000	15 246 000	15 048 000
应交税费		360 000	5 205 200	5 090 250
应付利息		42 300	165 000	264 000
其他应付款		63 700	63 250	
长期借款		17 000 000		
实收资本		50 000 000		
盈余公积		1 000 000		
本年利润			31 494 100	37 324 100
利润分配		500 000		
生产成本	110 000		54 230 000	54 340 000
制造费用			5 016 000	5 016 000
主营业务收入			34 767 700	34 767 700
其他业务收入			990 000	990 000
投资收益			858 000	858 000

续表

账户名称	2011年年初数据		2011年1~11月累计发生额	
	借方	贷方	借方	贷方
营业外收入			708 400	708 400
主营业务成本			20 640 400	20 640 400
其他业务成本			550 000	550 000
营业税金及附加			645 700	645 700
销售费用			1 320 000	1 320 000
管理费用			7 073 000	7 073 000
财务费用			891 000	891 000
营业外支出			374 000	374 000
合　计	88 114 000	88 114 000	378 890 721	378 890 721

润扬机械股份有限公司2011年12月发生以下经济业务：

1. 1日，销售产品一批，开出的增值税专用发票上注明价款为3 000 000元，增值税销项税额为510 000元，货款尚未收到。该批产品实际成本为1 800 000元，产品已发出。

2. 1日，购入原材料一批，收到的增值税专用发票上注明的原材料价款为1 500 000元，增值税进项税额为255 000元，款项已通过银行转账支付，材料尚未验收入库。

3. 1日，购入不需安装的设备一台，收到增值税专用发票上注明的设备价款为900 000元，增值税进项税额为153 000元，另支付包装费、运杂费10 000元。价税款及包装费、运杂费均以银行存款支付，设备已交付使用。

4. 3日，收到原材料一批，实际成本1000 000元，计划成本950 000元，材料已验收入库，货款已于上月支付。

5. 5日，用银行汇票支付材料采购价款，公司收到开户银行转来银行汇票多余款收账通知，通知上填写的多余款为2 340元，购入材料支付价款998 000元，支付的增值税进项税额为169 660元，原材料已验收入库，该批原材料计划成本为1 000 000元。

6. 8日，收到应收账款4 310 000元，存入银行。

7. 10日，公司以165 000元的转让价将投资成本为150 000元的交易性金融资产(股票投资)转让，款项存入银行。

8. 12日，购入一批工程物资用于建造厂房，收到增值税专用发票上注明的物资价款和增值税进项税额合计为1 500 000元，款项已通过银行转账支付。

9. 14日，分配一项工程应付职工薪酬2 280 000元。

10. 15日，一项工程完工，交付生产使用，已办理竣工手续，固定资产价值14 000 000元。

11. 16日，基本生产车间一台机床报废，原价2 000 000元，已提折旧1 800 000元，清理费用5 000元，残值收入8 000元，均通过银行存款收支。该项固定资产已清理完毕。

12. 17日，收到银行通知，用银行存款支付到期的商业承兑汇票1 000 000元。

13. 18日，销售产品一批，开出的增值税专用发票上注明的销售价款为7 000 000元，增值税销项税额为1 190 000元，款项已存入银行。销售产品的实际成本为4 200 000元。

14. 19 日,公司将要到期的一张面值为 2 000 000 元的无息银行承兑汇票(不含增值税),连同解讫通知和进账单交银行办理转账手续。收到银行盖章退回的进账单一联。款项银行已收妥。

15. 20 日,公司出售一台不需用设备,收到销售价款 3 000 000 元,该设备原价 4 000 000 元,已提折旧 1 500 000 元。该项设备已由购入单位运走,不考虑相关税费。

16. 21 日,取得交易性金融资产(股票投资),价款 1 030 000 元,交易费用 20 000 元,已用银行存款支付。

17. 22 日,用银行存款支付产品展览费 100 000 元。

18. 23 日,广告费 100 000 元,已用银行存款支付。

19. 24 日,公司采用商业承兑汇票结算方式销售产品一批,开出的增值税专用发票上注明的销售价款为 2 500 000 元,增值税销项税额为 425 000 元,收到 2 925 000 元的商业承兑汇票一张,产品实际成本为 1 500 000 元。

20. 25 日,公司将上述商业承兑汇票到银行办理贴现,贴现息为 200 000 元。

21. 2011 年 9 月 26 日销售产品一批,开出的增值税专用发票上注明的销售价款为 100 000 元,增值税销项税额为 17 000 元,购货方开出商业承兑汇票。12 月 26 日,由于购货方发生财务困难,无法按合同规定偿还债务,经双方协议,甲股份公司同意购货方用产品抵偿该应收票据。用于抵债的产品市价为 80 000 元,增值税税率为 17%。

22. 27 日,以银行存款支付基本生产车间水电费 900 000 元。

23. 31 日,根据领料单编制发出材料汇总表,本月基本生产领用原材料的计划成本为 7 000 000 元,领用低值易耗品的计划成本 500 000 元,低值易耗品采用一次摊销法摊销。

24. 31 日,结转领用原材料应分摊的材料成本差异。材料成本差异率为 5%。

25. 31 日,分配应支付的职工工资 3 000 000 元(不包括在建工程应负担的工资),其中生产人员薪酬 2 750 000 元,车间管理人员薪酬 100 000 元,行政管理部门人员薪酬 150 000 元。

26. 31 日,提取职工福利费 420 000 元(不包括在建工程应负担的福利费 280 000 元),其中生产工人福利费 385 000 元,车间管理人员福利费 14 000 元,行政管理部门人员福利费 21 000 元。

27. 31 日,支付工资 5 000 000 元,其中包括支付在建工程人员的工资 2 000 000 元。

28. 31 日,计提固定资产折旧 1 000 000 元,其中计入制造费用 800 000 元、管理费用 200 000 元。

29. 31 日,分配制造费用。

30. 31 日,计算并结转本期完工产品成本 12 824 000 元。期末没有在产品,本期生产的产品全部完工入库。

31. 31 日,计提无形资产摊销 600 000 元。

32. 31 日,计提固定资产减值准备 300 000 元,计提应收账款坏账准备 10 000 元。

33. 31 日,以银行存款缴纳本月应交增值税 1 533 740 元。

34. 31 日,计算本期产品销售应缴纳的城市维护建设税和教育费附加。

35. 31 日,计算在建工程应负担的分期付息的长期借款利息费用 2 000 000 元,计入本期损益的分期付息的长期借款利息费用 100 000 元。

36. 31 日,以银行存款归还短期借款本金 2 500 000 元和长期借款 6 000 000 元。

37. 31 日,支付长期借款利息 2 100 000 元。

38. 31 日,结转本期已销产品成本 7 500 000 元。

39. 31 日,依据企业所得税法的规定计算公司全年所得应交企业所得税额。假设本例中,除计提固定资产减值准备 300 000 元和计提应收账款坏账准备 10 000 元造成资产账面价值与其计税基础存在差异外,不考虑其他项目的所得税影响。企业按照税法规定计算确定的应交所得税为 2 370 056.50 元,递延所得税资产为 77 500 元。

40. 31 日,将各损益类账户发生额的差额结转"本年利润"账户。

41. 31 日,按照净利润的 10% 提取法定盈余公积金 6 877 669.50 元。

42. 31 日,将"本年利润"账户余额转入利润分配"未分配利润"明细账户。

43. 31 日,将利润分配各明细账户的余额转入利润分配"未分配利润"明细账户。

第三部分

参考答案

实验1　货币资金核算实验

会计凭证：

凭证编号	日　期	摘　要	科目名称	借方金额	贷方金额	附件张数
1	2011.01.01	提现	库存现金 银行存款	5 000.00	 5 000.00	1
2	2011.01.05	接受投资	银行存款 实收资本——江苏金陵有限责任公司	2 000 000.00	 20 000 000.00	2
3	2011.01.06	购办公用品	管理费用 银行存款	420.00	 420.00	2
4	2011.01.08	取得借款	银行存款 短期借款	800 000.00	 800 000.00	1
5	2011.01.10	收回货款	银行存款 应收账款——宏扬公司	600 000.00	 600 000.00	1
6	2011.01.15	偿还货款	应付账款——江阳公司 银行存款	400 000.00	 400 000.00	1
7	2011.01.18	偿还短期借款	短期借款 银行存款	200 000.00	 200 000.00	1
8	2011.01.22	预借差旅费	其他应收款——黄平 库存现金	3 000.00	 3 000.00	1
9	2011.01.26	申请银行汇票	其他货币资金——银行汇票存款 银行存款	1 000 000.00	 1 000 000.00	1
10	2011.01.30	销售A产品	银行存款 主营业务收入 应交税费——应交增值税(销项税额)	7 020.00	 6 000.00 1 020.00	2

实验2　金融资产核算实验

会计凭证：

凭证编号	日　期	摘　要	科目名称	借方金额	贷方金额	附件张数
1	2011.02.01	销售A商品	应收票据 主营业务收入 应交税费——应交增值税(销项税额)	128 700.00	110 000.00 18 700.00	1
2	2011.02.04	存出投资款	其他货币资金——存出投资款 银行存款	100 000.00	100 000.00	2
3	2011.02.05	委托银行收款	银行存款 应收票据	386 100.00	386 100.00	3
4	2011.02.06	购买股票	交易性金融资产 投资收益 其他货币资金	90 000.00 366.00	90 366.00	1
5	2011.02.18	存出投资款	其他货币资金——存出投资款 银行存款	1 500 000.00	1 500 000.00	2
6	2011.02.20	购买南方债券	持有至到期投资——成本 持有至到期投资——利息调整 其他货币资金	400 000.00 10 000.00	410 000.00	1
7	2011.02.28	出售股票	其他货币资金 交易性金融资产 投资收益	115 530.00	60 000.00 55 530.00	1

实验3　存货核算实验

会计凭证：

凭证编号	日　期	摘　要	科目名称	借方金额	贷方金额	附件张数
1	2011.03.02	购甲材料	材料采购——甲材料 应交税费——应交增值税(进项税额) 银行存款	257 492.70 43 717.30	301 210.00	3
2	2011.03.03	材料入库	原材料——甲材料 材料成本差异 材料采购——甲材料	257 000.00 492.70	257 492.70	1

续表

凭证编号	日　期	摘　要	科目名称	借方金额	贷方金额	附件张数
3	2011.03.04	购乙材料	材料采购——乙材料 应交税费——应交增值税(进项税额) 银行存款	99 895.00 16 765.00	 116 660.00	3
4	2011.03.05	材料入库	原材料——乙材料 材料采购——乙材料 材料成本差异	105 000.00	 99 895.00 5 105.00	1
5	2011.03.07	一车间领用甲材料	生产成本——A产品 原材料——甲材料	200 000.00	 200 000.00	1
6	2011.03.10	购甲、乙材料	材料采购——甲材料 ——乙材料 应交税费——应交增值税(进项税额) 银行存款	300 753.00 98 978.34 67 418.66	 467 150.00	3
7	2011.03.12	材料入库	原材料——甲材料 ——乙材料 材料成本差异 材料采购——甲材料 ——乙材料	270 000.00 105 000.00 24 731.34	 300 753.00 98 978.34	1
8	2011.03.15	二车间领用乙材料	生产成本——B产品 原材料——乙材料	150 000.00	 150 000.00	1
9	2011.03.17	购乙材料	材料采购——乙材料 应交税费——应交增值税(进项税额) 银行存款	116 000.00 19 720.00	 135 720.00	2
10	2011.03.17	材料入库	原材料——乙材料 材料采购——乙材料 材料成本差异	120 000.00	 116 000.00 4 000.00	1
11	2011.03.18	一车间领用乙材料	生产成本——A产品 原材料——乙材料	90 000.00	 90 000.00	1
12	2011.03.20	二车间领用甲材料	生产成本——B产品 原材料——甲材料	100 000.00	 100 000.00	1
13	2011.03.22	购甲材料	材料采购——甲材料 应交税费——应交增值税(进项税额) 银行存款	90 000.00 15 300.00	 105 300.00	2
14	2011.03.22	材料入库	原材料——甲材料 材料采购——甲材料 材料成本差异	100 000.00	 90 000.00 10 000.00	1

续表

凭证编号	日　期	摘　要	科目名称	借方金额	贷方金额	附件张数
15	2011.03.23	管理部门领用材料	管理费用 原材料——甲材料 ——乙材料	90 000.00	 60 000.00 30 000.00	1
16	2011.03.24	购乙材料	材料采购——乙材料 应交税费——应交增值税（进项税额） 银行存款	171 000.00 29 070.00	 200 070.00	2
17	2011.03.24	材料入库	原材料——乙材料 材料采购——乙材料 材料成本差异	180 000.00	 171 000.00 9 000.00	1
18	2011.03.25	管理部门领用材料	管理费用 原材料——甲材料	10 000.00	 10 000.00	1
19	2011.03.26	购甲、乙材料	材料采购——甲材料 ——乙材料 应交税费——应交增值税（进项税额） 银行存款	57 000.00 56 000.00 19 210.00	 132 210.00	2
20	2011.03.26	材料入库	原材料——甲材料 ——乙材料 材料采购——甲材料 ——乙材料 材料成本差异	60 000.00 60 000.00	 57 000.00 56 000.00 7 000.00	1
21	2011.03.28	购甲材料	材料采购——甲材料 应交税费——应交增值税（进项税额） 银行存款	161 014.60 27 257.40	 188 272.00	4
22	2011.03.31	调整实际成本	生产成本——A产品 ——B产品 管理费用 材料成本差异	－2 900.00 －2 500.00 －1 000.00	 －6 400.00	1

实验4　固定资产核算实验

一、会计凭证

凭证编号	日　期	摘　要	科目名称	借方金额	贷方金额	附件张数
1	2011.04.10	购电控箱	固定资产 应交税费——应交增值税（进项税额） 银行存款	3 000.00 510.00	 3 510.00	2

续表

凭证编号	日 期	摘 要	科目名称	借方金额	贷方金额	附件张数
2	2011.04.12	购轿车	固定资产 银行存款	232 500.00	 232 500.00	7
3	2011.04.15	购锅炉	在建工程 应交税费——应交增值税（进项税额） 银行存款	70 186.00 11 914.00	 82 100.00	3
4	2011.04.19	锅炉安装费	在建工程 银行存款	2 000.00	 2 000.00	2
5	2011.04.19	锅炉交付使用	固定资产 在建工程	72 186.00	 72 186.00	1
6	2011.04.25	小货车报废	固定资产清理 累计折旧 固定资产	200.00 9 800.00	 10 000.00	1
7	2011.04.25	取得残值收入	库存现金 固定资产清理	50.00	 50.00	1
8	2011.04.25	结转净损失	营业外支出 固定资产清理	150.00	 150.00	1,附于6号凭证后
9	2011.04.30	计提折旧	制造费用——铸造车间 ——机加工车间 ——金工车间 ——装配车间 生产成本——机修车间 其他业务成本——车队 管理费用 累计折旧	13 460.00 10 550.40 780.00 7 318.00 6 274.00 1 952.00 4 512.00	 44 846.40	1
10	2011.06.30	融资租入机床	固定资产——融资租入固定资产 未确认融资费用 长期应付款	700 000.00 200 000.00	 900 000.00	1
11	2011.12.31	支付融资租赁租金	长期应付款 银行存款	150 000.00	 150 000.00	2
12	2011.12.31	摊销融资费用	财务费用 未确认融资费用	53 900.00	 53 900.00	1
13	2011.12.31	计提本年融资租入设备折旧	制造费用 累计折旧	11 669.00	 11 669.00	1

二、固定资产折旧计提表

固定资产折旧计提表

2011 年 4 月 30 日

固定资产类别		固定资产原值	月折旧率(‰)	月折旧额(元)
铸造车间	房屋	665 000	4	2 660
	设备	1 800 000	6	10 800
	小计	2 465 000		13 460
机加工车间	房屋	387 600	4	1 550.4
	设备	1 500 000	6	9 000
	小计	1 887 000		10 550.4
金工车间	房屋	75 000	4	300
	设备	80 000	6	480
	小计	155 000		780
装配车间	房屋	629 500	4	2 518
	设备	800 000	6	4 800
	小计	1 429 000		7 318
机修车间	房屋	218 500	4	874
	设备	900 000	6	5 400
	小计	1 118 500		6 274
运输队	房屋	113 000	4	452
	设备	250 000	6	1 500
	小计	363 000		1 952
管理部门	房屋	900 000	4	3 600
	办公设备	12 000	6	72
	运输用具	140 000	6	840
	小计	1 052 000		4 512
总　计		8 469 500		44 846.4

三、未确认融资费用摊销表

未确认融资费用摊销表

2011 年 12 月 31 日　　单位:元

日　期	租　金	确认的融资费用	应付本金减少额	应付本金余额
(1)	(2)	(3)=期初(5)×7.70%	(4)=(2)-(3)	期末(5)=期初(5)-(4)
2011.06.30				700 000.00
2011.12.31	150 000	53 900.00	96 100.00	603 900.00

续表

日　期	租　金	确认的融资费用	应付本金减少额	应付本金余额
(1)	(2)	(3)=期初(5)×7.70%	(4)=(2)-(3)	期末(5)=期初(5)-(4)
2012.06.30	150 000	46 500.30	103 499.70	500 400.30
2012.12.31	150 000	38 530.82	111 469.18	388 931.12
2013.06.30	150 000	29 947.70	120 052.30	268 878.82
2013.12.31	150 000	20 703.67	129 296.33	139 582.49
2014.06.30	150 000	10 417.51*	139 582.49*	0
合计	900 000	200 000	700 000.00	

注：*表示作尾数调整：10 417.51 = 150 000 - 139 582.49；139 582.49 = 139 582.49 - 0。

四、融资租入固定资产折旧计提表

融资租入固定资产折旧计提表

2011 年 12 月 31 日

固定资产类别		固定资产原值	月折旧率(‰)	月折旧额(元)
铸造车间	设备	700 000	16.67	11 669
	小计	700 000		11 669

实验 5　无形资产核算实验

一、会计凭证

凭证编号	日　期	摘　要	科目名称	借方金额	贷方金额	附件张数
1	2011.05.04	接受捐赠	无形资产——特许使用权 A 营业外收入	50 000.00	 50 000.00	2
2	2011.05.06	出售非专利技术	银行存款 无形资产——非专利技术 应交税费——应交营业税 ——应交城建税 ——应交教育费附加 营业外收入	300 000.00	 220 000.00 15 000.00 1 050.00 450.00 63 500.00	3
3	2011.05.10	购买技术	无形资产 银行存款	56 000.00	 56 000.00	4
4	2011.05.31	摊销特许使用权 A	管理费用 累计摊销	833.33	 833.33	1

二、无形资产摊销计算表

无形资产摊销计算表

2011 年 5 月 31 日

无形资产名称	原　值	使用年限	本月摊销额
特许使用权 A	50 000.00	5	833.33

实验6　流动负债核算实验

一、会计凭证

凭证编号	日　期	摘　要	科目名称	借方金额	贷方金额	附件张数
1	2011.06.01	取得借款	银行存款 短期借款——工商银行	15 000.00	 15 000.00	1
2	2011.06.20	提现备发工资	库存现金 银行存款	111 970.00	 111 970.00	1
3	2011.06.20	发放工资	应付职工薪酬——应付工资 库存现金	111 970.00	 111 970.00	1
4	2011.06.30	计提分配薪酬	生产成本 制造费用 管理费用 其他业务成本 应付职工薪酬——职工福利费 销售费用 应付职工薪酬——应付工资 ——职工福利费 ——社会保险费 ——住房公积金 ——工会经费 ——职工教育经费	141 962.94 14 993.88 14 238.90 5 341.80 2 999.15 3 898.90	 119 502.00 11 950.20 35 850.60 11 950.20 2 390.04 1 792.53	1
5	2011.06.30	支付王刚住院补助	应付职工薪酬 ——职工福利费 库存现金	500.00	 500.00	1
6	2011.06.30	计提利息	财务费用——利息 应付利息	125.00	 125.00	1
7	2011.06.30	上交增值税	应交税费——应交增值税(已交税金) 银行存款	90 000.00	 90 000.00	1

二、职工薪酬计算表

薪酬 / 部门	工资总额	职工福利费(10%)	社会保险(30%)	住房公积金(10%)	工会经费(2%)	职工教育经费(1.5%)	合　计
基本生产车间	92 484	9 248.4	27 745.2	9 248.4	1 849.68	1 387.26	141 962.94
车间管理部门	9 768	976.8	2 930.4	976.8	195.36	146.52	14 993.88
行政管理部门	9 140	914	2 742	914	182.8	137.1	14 029.90
运输队	3 480	348	1 044	348	69.6	52.2	5 341.80
医务福利部门	2 090	209	627	209	41.8	31.35	3 208.15
销售部门	2 540	254	762	254	50.8	38.1	3 898.90
合计	119 502	11 950.2	35 850.6	11 950.2	2 390.04	1 792.53	183 435.57

三、短期利息费用计算表

短期贷款利息费用计算表

2011 年 6 月 30 日

费用种类	会计科目		计算过程	金 额
	总账科目	明细账科目		
小型技术措施借款	财务费用	利息	15 000×10% ÷12	125
	应付利息	工商银行		125

实验 7 长期负债核算实验

一、会计凭证

凭证编号	日 期	摘 要	科目名称	借方金额	贷方金额	附件张数
1	2011.07.01	取得借款	银行存款 长期借款——本金	3 000 000.00	 3 000 000.00	2
2	2011.07.01	发行债券	银行存款 应付债券——利息调整 应付债券——面值	76 000 000.00 4 000 000.00	 80 000 000.00	3
3	2011.12.31	计提本年利息	在建工程 长期借款——利息	90 000.00	 90 000.00	1
4	2011.12.31	计提债券本年利息	财务费用 应付债券——利息调整 应付利息	2 698 000.00	 618 000.00 2 080 000.00	1

二、银行长期贷款利息计算表

长期贷款利息费用计算表

2011 年 12 月 31 日

贷款项目	贷款金额	年利率	利息金额	备 注
3 年期借款	3 000 000.00	6%	90 000	半年
合 计	3 000 000.00	6%	90 000	

三、应付债券折价摊销计算表

应付债券折价摊销计算表

2011 年 12 月 31 日

计息日期	票面利息(1)	实际利息(2)	折价摊销(3)	未摊销折价(4)	期末摊余成本(5)
	(1)＝面值×票面利率	(2)＝上期(5)×实际利率(3.55%)	(3)＝(2)－(1)	(4)＝上期(4)－(3)	(5)＝上期(5)＋(3)
2011.07.01				4 000 000	76 000 000
2011.12.31	2 080 000	2 698 000	618 000	3 382 000	76 618 000

续表

计息日期	票面利息(1)	实际利息(2)	折价摊销(3)	未摊销折价(4)	期末摊余成本(5)
	(1)＝面值×票面利率	(2)＝上期(5)×实际利率(3.55%)	(3)＝(2)－(1)	(4)＝上期(4)－(3)	(5)＝上期(5)＋(3)
2012.06.30	2 080 000	2 719 939	639 939	2 742 061	77 257 939
2012.12.31	2 080 000	2 742 657	662 657	2 079 404	77 920 596
2013.06.30	2 080 000	2 766 181	686 181	1 393 223	78 606 777
2013.12.31	2 080 000	2 790 541	710 541	682 682	79 317 318
2014.06.30	2 080 000	2 762 682	682 682	0	80 000 000
合　计	12 480 000	16 480 000	4 000 000		

实验 8　所有者权益核算实验

会计凭证

凭证编号	日　期	摘　要	科目名称	借方金额	贷方金额	附件张数
1	2011.08.01	接受投资	银行存款 实收资本——华兴公司	5 000 000.00	 5 000 000.00	2
2	2011.08.05	接受投资	银行存款 固定资产——汽车 实收资本——华润公司	1 000 000.00 80 000.00	 1 080 000.00	4
3	2011.08.20	增资	资本公积 实收资本——润泽公司 ——扬子公司 ——华兴公司 ——华润公司	4 000 000.00	 2 400 000.00 600 000.00 800 000.00 200 000.00	1
4	2011.12.31	利润分配	利润分配——提取法定盈余公积 ——提取任意盈余公积 盈余公积——法定盈余公积 ——任意盈余公积	300 000.00 450 000.00	 300 000.00 450 000.00	1

实验9　收入核算实验

会计凭证

凭证编号	日　期	摘　要	科目名称	借方金额	贷方金额	附件张数
1	2011.09.01	收款	银行存款 应收账款	1 279 210.00	 1 279 210.00	1
2	2011.09.01	销售产品	银行存款 主营业务收入 应交税费——应交增值税(销项税额)	269 100.00	 230 000.00 39 100.00	2
3	2011.09.08	销售产品	应收票据 主营业务收入 应交税费——应交增值税(销项税额)	762 840.00	 652 000.00 110 840.00	2
4	2011.09.10	预收货款	银行存款 预收账款	304 000.00	 304 000.00	2
5	2011.09.15	销售产品	应收账款 主营业务收入 应交税费——应交增值税(销项税额) 银行存款	1 479 210.00	 1 263 000.00 214 710.00 1 500.00	4
6	2011.09.18	销售产品	应收账款 主营业务收入 应交税费——应交增值税(销项税额)	1 477 710.00	 1 263 000.00 214 710.00	2
7	2011.09.25	销售产品	预收账款 主营业务收入 应交税费——应交增值税(销项税额)	889 200.00	 760 000.00 129 200	1
8	2011.09.26	委托代销	未实现销售,不作实现销售收入处理			
9	2011.09.26	补收余款	银行存款 预收账款	585 200.00	 585 200.00	1
10	2011.09.30	销售材料	银行存款 其他业务收入 应交税费——应交增值税(销项税额)	375 862.50	 321 250.00 54 612.50	2

实验10　费用核算实验

会计凭证

凭证编号	日　期	摘　要	科目名称	借方金额	贷方金额	附件张数
1	2011.10.08	办公用品	管理费用——办公费 库存现金	800.00	 800.00	1
2	2011.10.15	纳税	应交税费——应交增值税 应交税费——应交城建税 应交税费——应交教育费附加 银行存款	74 590.00 5 221.30 2 237.70	 82 049.00	2
3	2011.10.16	报差旅费	管理费用 库存现金 其他应收款	2 500.00 500.00	 3 000.00	1
4	2011.10.18	购印花税票	管理费用 库存现金	580.00	 580.00	1
5	2011.10.18	付广告费	销售费用——广告费 银行存款	1 500.00	 1 500.00	2
6	2011.10.20	付业务招待费	管理费用 银行存款	1 800.00	 1 800.00	3
7	2011.10.23	付邮、电、手续费	财务费用 银行存款	335.00	 335.00	1
8	2011.10.31	提折旧	其他业务成本 累计折旧	3 600.00	 3 600.00	1
9	2011.10.31	计算营业税及相关税费	营业税金及附加 应交税费——应交营业税 应交税费——应交城建税 应交税费——应交教育费附加	4 400.00	 4 000.00 280.00 120.00	2
10	2011.10.31	计算城建税及教育费附加	营业税金及附加 应交税费——应交城建税 应交税费——应交教育费附加	36 400.00	 25 480.00 10 920.00	1
11	2011.10.31	计算利息	财务费用 应付利息	500.00	 500.00	1
12	2011.10.31	分配制造费用	生产成本——A产品 生产成本——B产品 制造费用	297 000.00 396 000.00	 693 000.00	1
13	2011.10.31	结转完工产品成本	库存商品——A产品 库存商品——B产品 生产成本——A产品 生产成本——B产品	1 339 000.00 1 552 000.00	 1 339 000.00 1 552 000.00	1

续表

凭证编号	日　期	摘　要	科目名称	借方金额	贷方金额	附件张数
14	2011.10.31	结转已销产品成本	主营业务成本——A 产品 主营业务成本——B 产品 库存商品——A 产品 库存商品——B 产品	1 326 600.00 1 470 554.20	1 326 600.00 1 470 554.20	5

实验 11　利润核算实验

会计凭证

凭证编号	日　期	摘　要	科目名称	借方金额	贷方金额	附件张数
1	2011.11.05	接受捐赠	固定资产 应交税费——应交增值税（进项税额） 营业外收入	200 000.00 34 000.00	234 000.00	3
2	2011.11.08	出售固定资产	（1） 固定资产清理 累计折旧 固定资产 （2） 固定资产清理 库存现金 （3） 银行存款 固定资产清理 应交税费——应交增值税（销项税额） （4） 固定资产清理 营业外收入	41 600.00 38 400.00 520.00 52 650.00 2 880.00	80 000.00 520.00 45 000.00 7 650.00 2 880.00	4
3	2011.11.15	罚款收入	库存现金 营业外收入	100.00	100.00	1
4	2011.11.28	盘亏材料	待处理财产损溢——待处理流动资产损溢 原材料——原料及主要材料 材料成本差异——原料及主要材料	840.00	800.00 40.00	1
5	2011.11.30	查明原因，处理盘亏	营业外支出 待处理财产损溢——待处理流动资产损溢	840.00	840.00	1

续表

凭证编号	日期	摘要	科目名称	借方金额	贷方金额	附件张数
6	2011.11.30	计提坏账准备	资产减值损失 坏账准备	4 500.00	 4 500.00	1
7	2011.11.30	调整公允价值变动损益	(1) 交易性金融资产——贵糖股份(公允价值变动) 交易性金融资产——宋城股份(公允价值变动) 公允价值变动损益——交易性金融资产 (2) 公允价值变动损益——交易性金融资产 交易性金融资产——大连国际(公允价值变动)	 1 000.00 17 000.00 600.00	 18 000.00 600.00	1
8	2011.11.30	结转收入、支出	(1) 主营业务收入 其他业务收入 投资收益 公允价值变动损益 营业外收入 本年利润 (2) 本年利润 主营业务成本 其他业务成本 营业税金及附加 销售费用 管理费用 财务费用 资产减值损失 营业外支出	 5 431 000.55 200 000.26 990 000.38 17 400.00 236 980.00 5 870 742.19	 6 875 381.19 4 730 000.37 151 000.45 78 400.11 25 000.26 750 500.78 130 500.22 4 500.00 840.00	1

注：本教程实验 12 的结果内容可登录江苏大学出版社网站 http://press.ujs.edu.cn 查询。

附 件

空白凭证及账页格式

以下凭证及账页根据需要复印，也可登录江苏大学出版社网站 http://press. ujs. edu. cn 下载打印。

记 账 凭 证

年 月 日

字 号

摘 要	会计科目		借方金额	贷方金额	记账
	总账科目	明细科目			
附件 张	合 计				

科目汇总表

年 月 日至 年 月 日

会计科目	本期发生额		总账页数	记账凭证起讫号数
	借方	贷方		

库存现金日记账

年		凭证		摘要	对方科目	√	借方	贷方	借贷	余额
月	日	种类	号数							

注：银行存款日记账与现金日记账格式相同，可将表题更改使用。

现金总账

年				摘要	√	借方	贷方	借贷	余额
月	日	种类	号数						

注：银行存款总账与现金总账格式相同，可将表题更改使用。

原材料明细账

类别：　　　品名　　　　编号　　　　规格　　　　单位

年				摘要	借方			贷方			余额		
月	日	种类	号数		数量	单价	金额	数量	单价	金额	数量	单价	金额

生产成本明细账

产品名称：

年				摘要	借方(项目)			余额
月	日	种类	号数					

资产负债表

会企01表

编制单位：　　　　　　　　年　月　日　　　　　　　　单位:元

资　产	期末余额	年初余额	负债和所有者权益(或股东权益)	期末余额	年初余额
流动资产			流动负债		
货币资金			短期借款		
交易性金融资产			交易性金融负债		
应收票据			应付票据		
应收账款			应付账款		
预付款项			预收款项		
应收利息			应付职工薪酬		
应收股利			应交税费		
其他应收款			应付利息		
存货			应付股利		
一年内到期的非流动资产			其他应付款		
其他流动资产			一年内到期的非流动负债		
流动资产合计			其他流动负债		
非流动资产			流动负债合计		
可供出售金融资产			非流动负债		
持有至到期投资			长期借款		
长期应收款			应付债券		
长期股权投资			长期应付款		
投资性房地产			专项应付款		
固定资产			预计负债		
在建工程			递延所得税负债		
工程物资			其他非流动负债		
固定资产清理			非流动负债合计		
生产性生物资产			负债合计		
油气资产			所有者权益(或股东权益)		
无形资产			实收资本(或股本)		
开发支出			资本公积		
商誉			减:库存股		
长期待摊费用			盈余公积		
递延所得税资产			未分配利润		
其他非流动资产			所有者权益(或股东权益)合计		
非流动资产合计					
资产总计			负债和所有者权益(或股东权益)总计		

利 润 表

会企02表

编制单位:　　　　　　　　　年　　月　　　　　　　　单位:元

项　　目	本期金额	上期金额(略)
一、营业收入		
减:营业成本		
营业税金及附加		
销售费用		
管理费用		
财务费用		
资产减值损失		
加:公允价值变动收益(损失以"－"号填列)		
投资收益(损失以"－"号填列)		
其中:对联营企业和合营企业的投资收益		
二、营业利润(亏损以"－"号填列)		
加:营业外收入		
减:营业外支出		
其中:非流动资产处置损失		
三、利润总额(亏损总额以"－"号填列)		
减:所得税费用		
四、净利润(净亏损以"－"号填列)		
五、每股收益:		
(一)基本每股收益		
(二)稀释每股收益		